Jürgen Kühling

**Gentrifizierung als Rechtsproblem – Wohnungspolitik ohne ökonomische
und rechtsstaatliche Leitplanken?**

Schriftenreihe der Juristischen Gesellschaft zu Berlin

—

Heft 199

Jürgen Kühling

Gentrifizierung als Rechtsproblem – Wohnungspolitik ohne ökonomische und rechtsstaatliche Leitplanken?

———

Aktualisierte und erweiterte Fassung des am 12. Februar 2020 vor der Juristischen Gesellschaft zu Berlin gehaltenen Vortrages

DE GRUYTER

Prof. Dr. *Jürgen Kühling* LL.M.
Inhaber des Lehrstuhls für Öffentliches Recht, Immobilienrecht, Infrastrukturrecht und Informationsrecht an der Fakultät für Rechtswissenschaft der Universität Regensburg.

.

ISBN 978-3-11-071889-8
e-ISBN (PDF) 978-3-11-071903-1
e-ISBN (EPUB) 978-3-11-071927-7

Library of Congress Control Number: 2020945088

Bibliografische Information der Deutschen Nationalbibliothek
Die Deutsche Nationalbibliothek verzeichnet diese Publikation in der Deutschen Nationalbibliografie; detaillierte bibliografische Daten sind im Internet über http://dnb.dnb.de abrufbar.

© 2021 Jürgen Kühling, publiziert von Walter de Gruyter GmbH, Berlin/Boston
Dieses Buch ist als Open-Access-Publikation verfügbar über www.degruyter.com
Druck und Bindung: CPI Books GmbH, Leck

www.degruyter.com

Inhalt

I Einleitung*

1 Problemaufriss

In Deutschland gibt es keinen Wohnungsmangel per se, sondern eine heterogene Entwicklung der Nachfrage. So verschärft sich der „Run" auf Wohnraum insbesondere in sogenannten „Schwarmstädten", während es andernorts Leerstände gibt. Bei den „Schwarmstädten" handelt es sich um jene Orte, in denen nicht bloß ein Bevölkerungswachstum zu verzeichnen ist, sondern dieses durch Binnenwanderung erzeugt wird und zwar vor allem durch jüngere Altersgruppen.[1] Jene Städte zeichnen sich also insbesondere durch eine besondere Attraktivität für jüngere Altersgruppen im bundesweiten Vergleich aus.[2] Dabei treten sich selbst verstärkende Effekte hinzu, da gerade die Anwesenheit junger Menschen die Attraktivität für diese Zielgruppe erhöht.[3] Entsprechend heterogen entwickeln sich in Deutschland die Mietpreise,[4] vor allem auch abhängig von sich extrem heterogen entwickelnden Baulandpreisen.[5]

---

* Der Beitrag präsentiert Ergebnisse, die der Verfasser u. a. im Rahmen eines Forschungsaufenthalts als Visiting Scholar an der UC Berkeley erarbeitet hat. Dies gilt insbesondere für die ökonomischen Hintergründe der Bekämpfung der Gentrifizierung im Rahmen der Mietenregulierung. Teile der vorliegenden Ausführungen sind bereits veröffentlicht worden und zwar zur Kompetenzfrage *Kühling* Länderkompetenz für „Mietendeckel"? – Keine Kakophonie in der Mietpreisregulierung!, DVBl. 2020, 842, und zu materiell-rechtlichen Fragen der Mietenregulierung mit Blick auf Art. 14 GG *Kühling* Gentrifizierung als Rechtsproblem – Wohnungspolitik ohne rechtsstaatliche Leitplanken?, NZM 2020, 521. Der Verfasser betreut inzwischen eine Verfassungsbeschwerde gegen die Berliner Mietpreisregelung von zwei Vermietern vor dem Bundesverfassungsgericht. Der Text wurde gegenüber dem am 12.2.2020 vor der Juristischen Gesellschaft zu Berlin gehaltenen Vortrag deutlich erweitert und punktuell aktualisiert.

1 Vgl. *Simons/Weiden* Schwarmverhalten, Reurbanisierung und Suburbanisierung, Information zur Raumentwicklung, BBSR Heft 3.2016, S. 263, abrufbar im WWW unter der URL https://d-nb.info/1155025490/34 (zuletzt abgerufen am 1.7.2020).

2 Vgl. zur Problematik *Simons* Sicherung der Wohnraumversorgung in Deutschland, in: ifo Schnelldienst 21/2018, S. 12 ff., abrufbar im WWW unter der URL https://www.cesifo.org/DocDL/sd-2018-21-11-8.pdf (zuletzt abgerufen am 1.7.2020).

3 *Simons/Weiden* Schwarmverhalten, Reurbanisierung und Suburbanisierung, Information zur Raumentwicklung, BBSR 3/2016, S. 273, abrufbar im WWW unter der https://d-nb.info/1155025490/34 (zuletzt abgerufen am 1.7.2020), die davon sprechen, dass das Schwarmverhalten vom „Wunsch nach Zusammenrottung – also die unzureichende Dichte junger Menschen als Folge des Geburteneinbruchs auszugleichen" getrieben wird.

4 Siehe etwa unter Hinweis auf den Zusammenhang von Wanderungseffekten und Mietenentwicklung für den Zeitraum von 2011 bis 2016 *Mense* gif Policy Paper 2/2019, Angebotseffekte der

2 Die Situation in Berlin im Vergleich zu anderen „Schwarmstädten"

Die Entwicklung der Mietpreise ist in Deutschland dementsprechend ebenfalls äußerst heterogen. Dabei gehört Berlin, was die Mietpreishöhe selbst bei den deutlich höheren Neuvermietungsverträgen anbelangt, längst noch nicht zu den teuersten Städten Deutschlands.[6] Unter den sieben besonders attraktiven deutschen Großstädten (Berlin, Düsseldorf, Frankfurt am Main, Hamburg, Köln, München, Stuttgart) ist Berlin im Jahr 2019 nach wie vor die Stadt mit der günstigsten mittleren Angebotsmiete.[7] Allerdings ist die Preisentwicklung angesichts jahrelang moderater und teils rückläufiger Entwicklungen der Miethöhen in den letzten Jahren sehr stark ansteigend gewesen. Es sind also Nachholeffekte aufgetreten. So sind die Miethöhen im Neuvermietungsmarkt in der vergangenen Dekade in Berlin am stärksten, nämlich um 60 % gestiegen,[8] allerdings ausgehend von einem ungewöhnlich niedrigen Preisniveau für eine attraktive Großstadt in Deutschland und erst recht im Vergleich zu anderen attraktiven Hauptstädten in Europa.

Im Übrigen zeigt die Mietpreisentwicklung in Berlin ein differenziertes Bild. So ist vor allem zu unterscheiden zwischen der Preisentwicklung in Bestandsmietverhältnissen und der in Neuvermietungsverhältnissen. Die Mietpreise in *Bestandsmietverhältnissen* sind im Zeitraum der vergangenen 20 Jahre vor Beginn der Diskussion um den „Mietendeckel" in Berlin, namentlich von 1999 bis 2018,

---

Mietpreisbremse, S. 1 f., abrufbar im WWW unter der URL https://www.gif-ev.de/onlineshop/de tail/440 (zuletzt abgerufen am 1. 7. 2020).

5 Die Untersuchung für den Zeitraum von 2011 bis 2017 von *Prognos* Endbericht „Wer baut in Deutschland?" – Studie zum Wohnungsbautag 2019, S. 11 f., abrufbar im WWW unter der URL https://www.prognos.com/uploads/tx_atwpubdb/20190509_Inventur_zum_Bauen_und_Woh nen_2019_-_PROGNOS-Wohnungsbau-Studie.pdf (zuletzt abgerufen am 1. 7. 2020), weist Unterschiede von einer fast erfolgten Verdopplung der Baulandpreise in den sieben größten Städten Deutschlands Berlin, Düsseldorf, Frankfurt, Hamburg, Köln, München und Stuttgart und weiteren attraktiven Universitätsstädten wie Freiburg, Münster oder Regensburg aus. In einigen attraktiven Oberzentren stiegen die Preise um 50 %, während sie im Schnitt nur um etwa ein Drittel stiegen und in einer ganzen Reihe von ausgeglichenen Märkten um gerade einmal 10 %.

6 Siehe die Hinweise bei *Zeit-online*, abrufbar im WWW unter der URL https://www.zeit.de/wirt schaft/2019-11/mietpreise-steigerung-mietspiegel-wohnungsnot-gemeinden (zuletzt abgerufen am 1. 7. 2020).

7 *Simons/Schmandt* Frühjahresgutachten. Wohnimmobilien 2020, S. 178, abrufbar im WWW unter der URL https://zia-cloud.de/data/public/d5a531 (zuletzt abgerufen am 1. 7. 2020).

8 *Simons/Schmandt* aaO.

jährlich um 2,8% bzw. um 0,14 €/qm gestiegen.[9] Das ist zwar höher als die durchschnittliche Inflationsrate in diesem Zeitraum, wird aber für den Durchschnitt der Wohnbevölkerung mehr als relativiert angesichts der günstigen Lohnentwicklungen. So sind die mittleren Bruttoarbeitsentgelte in den Jahren von 2013 bis 2018 um 15,3% gestiegen,[10] was in etwa der Entwicklung der Bestandsmieten im selben Zeitraum entspricht. Für den Durchschnitt der Mieter und damit für breite Bevölkerungsgruppen hat sich die Wohnungssituation also keineswegs verschlechtert. Probleme treten hingegen bei Bestandsmietern für jenen deutlich geringeren Personenkreis auf, der von der günstigen Entwicklung der Löhne nicht profitiert hat.

Deutlich spürbarer sind im Vergleich jedoch die Preiserhöhungen in *Neuvertragsmietverhältnissen*. Hier haben sich die Durchschnittspreise bedeutend stärker erhöht, so dass für einen größeren Kreis von Personen der Zugang zu bezahlbarem Wohnraum nach einem Wohnungswechsel in Berlin oder Zuzug nach Berlin problematisch geworden ist. So betrug der Preisunterschied Anfang 2019 zwischen Bestands- und Neuvertragsmieten in Berlin fast 27 Prozentpunkte.[11] Diese schon jetzt große Diskrepanz zwischen Bestands- und Neuvertragsmieten in Berlin ist ein Grund dafür, dass die Umzugsquoten in Berlin deutlich unterhalb der bundesdeutschen Umzugsquoten liegen und in den Jahren von 2013 bis 2017 nochmals stark gesunken sind, namentlich von 7,6 auf 5,9%.[12] Es ist davon auszugehen, dass daher der sogenannte „Mismatch", d. h. das Verharren der Mieter in an sich ungünstigen Wohnungen, in Berlin besonders hoch ist. Dies ist für die Verfügbarkeit von Wohnraum besonders für die zahlreichen Fälle problematisch, in denen der Wohnraum deutlich zu groß ist, aber ein Wechsel aus einer günstigen großen Wohnung aus einem Bestandsmietverhältnis in eine teure kleine Wohnung im Rahmen einer Neuvertragsmiete nicht sinnvoll ist. Damit werden die zu großen Wohnungen nicht für passende Nachfrager (etwa Familien) frei. Allerdings ist auch insoweit zu differenzieren und zwar sowohl hinsichtlich der verschiedenen Stadtteile Berlins als auch in Bezug auf die unterschiedlichen

---

9 *Mieterschutzbund Berlin*, Berliner Mietspiegel 2019 in Kraft – Grund zur Freude, 03/2019, S. 10, abrufbar im WWW unter der URL https://www.mieterschutzbund-berlin.de/mieterschutz-2019. html?file=tl_files/content/Mieterschutz/2019/3/Mieterschutz_03_2019.pdf (zuletzt abgerufen am 1.7.2020).
10 Siehe dazu die Hinweise bei *Sagner/Voigtländer* Volkswirtschaftliche Folgen des Berliner Mietendeckels, Gutachten im Auftrag der CDU-Fraktion Berlin, November 2019, S. 11, abrufbar im WWW unter der URL https://www.iwkoeln.de/fileadmin/user_upload/Studien/Gutachten/PDF/2019/IW-Gutachten_2019-Mietendeckel.pdf, (zuletzt abgerufen am 1.7.2020).
11 *Sagner/Voigtländer* aaO, S. 10.
12 *Sagner/Voigtländer* aaO, S. 9.

Marktsegmente: So sinken die Mieten bereits seit 2017 in besonders einfachen Lagen in Berlin, beispielsweise in Charlottenburg-Nord, Marzahn oder Neu-Hohenschönhausen, während sie in besonders beliebten und guten Lagen, etwa in Dahlem, Mitte, Prenzlauer Berg oder Tiergarten auch im Jahr 2019 weiter angestiegen sind.[13] Insgesamt sind jedenfalls die Angebotsmieten seit dem 2. Quartal 2018 im Schnitt gesunken, wenn auch nur geringfügig um 0,7 %. Betrachtet man diesen Preis unter Abzug der allgemeinen Preissteigerung von 1,4 %, sind die Angebotsmieten im Jahr 2018 real um 2,1 % gesunken.[14] In welchem Umfang dies auf die vom Bundesgesetzgeber eingeführte „Mietpreisbremse" zurückgeht, ist unklar. Eindeutig ist jedoch die Trendumkehr in Richtung durchschnittlich leicht sinkender Angebotsmieten. Allerdings zeichnet sich schon jetzt ab, dass der radikale Berliner „Mietendeckel" einen erheblichen Preissteigerungsdruck auf den prozentual geringen Bereich der regulatorisch noch nicht erfassten Neubauten im Rahmen der Neuvermietung ausgelöst hat und in diesem Marktsegment die Mieten in den ersten Monaten nach Inkrafttreten der Berliner Regelung gestiegen sind.[15]

In der breiten Masse der Bestandsmietverhältnisse ist damit selbst in Berlin eine moderate Mietpreisentwicklung erfolgt, die in etwa der Lohnentwicklung entspricht und daher in der Breite nicht zu einer Verschlechterung des Zugangs zu bezahlbarem Wohnraum geführt hat. Probleme treten hingegen bei der Entwicklung der Neuvertragsmieten auf, die jedoch selbst in Berlin kein flächiges Problem mehr darstellt.

3 Breite der Diskussion und Fokus der folgenden Untersuchung

Die steigenden Mieten führen zu weiteren Konsequenzen, die politisch teils unerwünscht sind. Allen voran gilt dies für die sogenannte Gentrifizierung. Darunter

---

13 *Simons/Schmandt* Frühjahresgutachten. Wohnimmobilien 2020, S. 181, abrufbar im WWW unter der URL https://zia-cloud.de/data/public/d5a531 (zuletzt abgerufen am 1.7.2020).
14 *Simons/Schmandt* aaO, S. 179.
15 Damit verstärkt sich der schon durch die „Mietpreisbremse" im BGB vorgezeichnete Trend, siehe die Nachweise, dass im Jahreszeitraum von Mai 2019 bis Mai 2020 die Neuvermietungen für regulierte Objekte um knapp 2 % von durchschnittlich 12,90 € auf 12,66 € pro Quadratmeter gefallen sind, während die Mieten für Neubauten mit Baujahr nach 2014 im selben Zeitraum um 7,5 % von durchschnittlich 16,92 € auf 18,19 € pro Quadratmeter gestiegen sind, abrufbar im WWW unter der URL https://embed.presseportal.de/de/31321/article/4625790 (zuletzt abgerufen am 1.7.2020).

ist die schleichende Verdrängung der bisherigen Wohnbevölkerung in signifikantem Umfang durch zahlungskräftigeres Publikum zu verstehen.[16] Die Vielzahl von Handlungsinstrumenten ausgehend vom klassischen Mieterschutzrecht ergänzt um die „Mietpreisbremse" über teils punktuelle, teils flächige Zweckentfremdungs- und Milieuschutzsatzungen[17] bis hin zur jüngsten Diskussion um Baugebote[18] oder Enteignungen von Wohnungsbaugesellschaften[19] deuten auf die Vielgestaltigkeit und Komplexität des Themas aus rechtlicher und ökonomischer Sicht hin. Jegliche rechtliche Bewertung, die Aussagen zur Wirkungsweise der Instrumente verlangt, wie insbesondere ihre Verhältnismäßigkeitsprüfung im Rahmen einer Prüfung am Maßstab der Eigentumsfreiheit, bedarf einer ökonomischen Fundierung. Diese soll daher in einem ersten Schritt ganz allgemein mit Blick auf die Besonderheiten der Wohnungsmärkte erfolgen (dazu II.). Angesichts der mittlerweile breiten Diskussion der vielfältigen Handlungsinstrumente und ihres tatsächlichen oder vermeintlichen Beitrags zur Lösung der wohnungspolitischen Probleme ist für die Strukturierung der Debatte sodann deren Klassifikation erforderlich, die kombiniert werden soll mit einer knappen ökonomischen Wirkungsanalyse (dazu III.). Jene ökonomische Analyse der Wirkungszusammenhänge ist im Weiteren – wie aufgezeigt – relevant für die verfassungsrechtliche Bewertung der Handlungsinstrumente. Diese soll mit besonderem Blick auf die jüngst eingeführten und erwogenen Vorschläge zur Mietenregulierung vertieft werden, einerseits in Bezug auf die grundlegende Fragen des Schutzes der sozialen Marktwirtschaft aufwerfende eigentumsrechtliche Debatte (dazu IV.) und andererseits hinsichtlich des auf fundamentale Gerechtigkeitsfragen stoßenden gleichheitsrechtlichen Diskurses (dazu V.). Verfassungsrechtlich fundierte Verfahren sind dabei in unteren Instanzen teils erfolgreich gewesen,[20] während die

---

16 Zum Begriff *Schulz* Aufwertung und Verdrängung in Berlin – Räumliche Analysen zur Messung von Gentrifizierung, in: Statistisches Bundesamt, WISTA, 04/2017, S. 62, abrufbar im WWW unter der URL https://www.destatis.de/DE/Methoden/WISTA-Wirtschaft-und-Statistik/2017/04/aufwertung-verdraengung-berlin-042017.pdf?__blob=publicationFile (zuletzt abgerufen am 1.7.2020).

17 So hat Berlin aktuell 57 Milieuschutzgebiete, vgl. z. B. *Behnke/Dammann* GE 2019, 431 (434).

18 Dazu *Köster* BauR 2019, 1378; siehe auch *Bunzel/Niemeyer* ZfBR 2018, 743 (748 ff.).

19 Dies als verfassungswidrig ablehnend *Kloepfer* NJW 2019, 1656; *Schmidt* DÖV 2019, 508.

20 Hinsichtlich der verfahrensrechtlichen Anforderungen im Rahmen der Begründung gemäß § 556 d Abs. 2 S. 5 u. 6 BGB BayVerfGH, Beschl. v. 4.4.2017 – Vf. 3-VII-16, ZfIR 2017, 509 (LS); LG Frankfurt, Urt. v. 27.3.2018 – 2–11 S 183/17, WuM 2018, 276 (LS); LG Hamburg, Urt. v. 14.6.2018 – 333 S 28/17, WuM 2018, 498 (LS); zu Begründungsdefiziten und zur daraus folgenden Nichtigkeit der Hessischen Mietenbegrenzungsverordnung von 2015 BGH, Urt. v. 17.7.2019 – VII ZR 130/18, NJW 2019, 2844; LG Berlin, Urt. v. 10.10.2019 – 65 S 107/19, NJW 2019, 3730 (LS), lässt hingegen bereits eine Begründung an anderer Stelle als im Gesetz- und Verordnungsblatt ausreichen; siehe hin-

mit Spannung erwartete Entscheidung des BVerfG über die Verfassungsbeschwerde gegen die bundesweite „Mietpreisbremse" und die Berliner Mietenbegrenzungsverordnung erfolglos blieb.[21] Die Analyse des Beschlusses ist allerdings
sehr aufschlussreich für die weitere Bewertung der diversen wohnungspolitischen
Handlungsvorschläge. Schließlich war die Frage, ob die Länder neben dem Bund
überhaupt Mietpreisregelungen erlassen dürfen, von Anfang an einer der großen
verfassungsrechtlichen Streitpunkte der Diskussion um einen „Mietendeckel" in
Berlin. So sind während des Berliner Gesetzgebungsprozesses eine Reihe von
Gutachten veröffentlicht worden[22], die sich mit dieser scheinbar „nüchternen"
Kompetenzfrage auseinandersetzen, die angesichts der politischen Brisanz der
Mietenregulierung besonders delikat ist. Neben dem Verfassungsgerichtshof des
Landes Berlin wird sich auch das BVerfG mit dieser Frage befassen müssen. So
wurde nicht nur ein abstraktes Normenkontrollverfahren auf Bundesebene
frühzeitig angekündigt[23] und schließlich auch eingereicht[24], vielmehr hat das
Landgericht Berlin mit Beschluss vom 12. März 2020 das Gesetz im Rahmen einer
konkreten Normenkontrolle auf den Karlsruher Prüfstand gestellt. Das Landgericht Berlin geht davon aus, dass dem Land Berlin keine Gesetzgebungskompetenz für die Mietpreisregulierung zusteht.[25] Da auch in Bayern ein Volksbegehren
über einen „Mietenstopp" initiiert worden ist[26], zeigt sich die allgemeine Bedeu-

---

sichtlich eines Verstoßes gegen Art. 3 GG die weitere Überlegung des LG Berlin, Beschl. v. 14. 9.
2017– 67 S 149/17, NZM 2017, 766 und LG Berlin, Vorlagebeschl. v. 7. 12. 2017– 67 S 218/17, NJW 2018,
728.
21 BVerfG, Beschl. v. 18. 7. 2019 – 1 BvL 1/18, abrufbar im WWW unter der URL http://www.bverfg.
de/e/lk20190718_1bvl000118.html – ECLI:DE:BVerfG:2019:lk20190718.1bvl000118. (zuletzt abgerufen am 1. 7. 2020)
22 Siehe dazu die Nachweise in den folgenden Fn. 109, 134, 142, 147 und 153.
23 Siehe etwa den Bericht in der FAZ online, abrufbar im WWW unter der URL https://www.faz.
net/aktuell/wirtschaft/berliner-mietendeckel-soll-vom-verfassungsgericht-geprueft-werden-
16639904.html (zuletzt abgerufen am 1. 7. 2020).
24 Siehe u. a. den Bericht im Handelsblatt online, abrufbar im WWW unter der URL https://www.
handelsblatt.com/politik/deutschland/normenkontrollklage-union-und-fdp-wollen-mietende
ckel-in-berlin-kippen/25805072.html (zuletzt abgerufen am 1. 7. 2020); auf Landesebene haben
Abgeordnete der CDU- und FDP-Fraktion im Abgeordnetenhaus eine abstrakte Normenkontrolle
beim Berliner Verfassungsgerichtshof eingereicht, vgl. dazu den Bericht im Tagesspiegel, abrufbar
im WWW unter der URL https://www.tagesspiegel.de/berlin/berliner-verfassungsgerichtshof-
cdu-und-fdp-klagen-gegen-mietendeckel/25857444.html (zuletzt abgerufen am 1. 7. 2020).
25 LG Berlin, Beschl. v. 12. 3. 2020 – 67 S 274/19, NZM 2020, 368.
26 Der Gesetzesentwurf findet sich u. a. auf der Homepage der Initiatoren im WWW unter der
URL https://mietenstopp.de/wp-content/uploads/2019/10/191021_volksbegehren-mietenstopp-ge
setzestext.pdf (zuletzt abgerufen am 1. 7. 2020); inzwischen hat der Bayerische Verfassungsgerichtshof entschieden, dass das Volksbegehren aufgrund einer sogar offensichtlich fehlenden

tung, die kompetenzrechtliche Frage zu klären, ob die Länder – parallel zum Bund – Mietpreisregelungen erlassen dürfen (dazu VI.).

Landeskompetenz unzulässig ist, siehe BayVerfGH, Entsch. v. 16. 7. 2020 – Vf. 32-IX-20, BeckRS 2020, 16071; gegen diese Entscheidung hat die Initiative wiederum Verfassungsbeschwerde eingelegt, offenbar wegen eines angeblichen Verstoßes gegen das Recht auf den gesetzlichen Richter, siehe dazu u. a. den Bericht in der SZ, abrufbar im WWW unter der URL https://www.sueddeut sche.de/bayern/muenchen-volksbegehren-mietenstopp-verfassungsgericht-1.5002604 (zuletzt abgerufen am 20. 9. 2020)

II Ökonomische Charakteristika von Wohnungsmärkten und korrelierender Regulierungsbedarf

1 Wesensmerkmale von Wohnungsmärkten

Für die politische Dimension der Diskussion um Wohnungsmärkte ist von Bedeutung, dass es sich beim Wohnen um ein zentrales *Grundbedürfnis* des Menschen handelt, für das die Haushalte auch mit mittleren Einkommen einen signifikanten Anteil des zur Verfügung stehenden Geldes ausgeben, und zwar je nach Höhe des Gesamthaushaltsnettoeinkommens zwischen der knappen Hälfte (46,7 % bei einem geringen Einkommen unter 1.300 € pro Monat) und einem guten bzw. knappen Drittel bei einem monatlichen Einkommen zwischen 2.600 bis 3.600 € (37,4 %) bzw. 3.600 bis 5.000 € (34,7 %).[27] Schon deshalb sind Preissteigerungen von ungleich höherer Relevanz und politischer Brisanz als solche in anderen Märkten, die keine vergleichbare Haushaltsrelevanz aufweisen.[28]

Dies erklärt die hohe soziale Sensibilität des Themas. Für das weitere Verständnis des Immobilienmarktes sind sodann jedoch andere Besonderheiten von Bedeutung. So weisen Wohnungen eine *lange Lebensdauer* auf – anders als etwa Autos oder gar Lebensmittel wie Brot, die ebenfalls Grundbedürfnisse auf Mobilität und Ernährung abdecken. In der Konsequenz kann das Angebot nicht mit gleicher Geschwindigkeit wie etwa im Brotmarkt der Nachfrage angepasst werden. Planerische Fehlprognosen – etwa über den (un-)erwarteten Zuzug in eine Stadt wie Berlin – haben deshalb ungleich größere Auswirkungen. Ferner dominiert vor diesem Hintergrund der Bestandsmarkt den Wohnungsmarkt. Der Markt für neue Wohnungen ist aufgrund einer Bereitstellungsquote von inzwischen

---

[27] Siehe zu den Zahlen für das Jahr 2016 *Statistische Bundesamt*, Datenreport 2018, S. 202, abrufbar im WWW unter der URL https://www.destatis.de/DE/Service/Statistik-Campus/Datenreport/Downloads/datenreport-2018.pdf;jsessionid=CA944B28B0BD420B2E79E058B5 A2 A200.internet742?__blob=publicationFile (zuletzt abgerufen am 1.7.2020).
[28] Siehe etwa die stark gestiegenen Strompreise, bei denen gleichwohl eine Diskussion über deren Bezahlbarkeit unter dem Stichwort der „Energiearmut" geführt wird; dazu *Buckler* Sozialtarife für Stromverbraucher: Das französische System als Vorbild? EU- und (finanz-)verfassungsrechtliche Vorgaben für den Schutz einkommensschwacher Stromverbraucher in Deutschland, EnWZ 2013, 114; *Schlack* Energiearmut – Herausforderung in Zeiten der Energiewende. Entlastungsmöglichkeiten für einkommensschwache Letztverbraucher, EnWZ 2013, 27.

deutlich weniger als 1% pro Jahr dagegen von deutlich geringerer Relevanz.[29] In regulatorischer Perspektive hat dies erhebliche Folgen: Hoheitliche Interventionen wirken nur mit starker Verzögerung und umgekehrt können angesichts der Langfristigkeit von Immobilieninvestitionen Investoren nur „träge" reagieren, zumal auch die Realisierungszeiten von Immobilienprojekten vergleichsweise lang sind. Schon daraus folgt, dass Stabilität und Berechenbarkeit der wohnungspolitischen Regulierung von großer Bedeutung sind. Die Langlebigkeit von Immobilien führt im Übrigen dazu, dass auch die Vertragsbeziehungen – insbesondere zwischen Vermieter und Mieter – regelmäßig langfristiger Natur sind. So vermieten private Einzelvermieter ihre Wohnung durchschnittlich für fast zehn Jahre. In etwa die Hälfte der Mietverträge läuft länger als fünf Jahre, länger als zehn Jahre immerhin noch ein Drittel und fast ein Achtel der Verträge sogar länger als 20 Jahre.[30]

Der *immobile* Charakter des Gutes bedingt ferner, dass geografische Ausweichreaktionen der Nachfrager nur beschränkt möglich sind. So gibt es sicherlich größere Leerstände in manchen Regionen Deutschlands.[31] Diese lassen sich jedoch nicht in die „Schwarmstädte" verlagern. Insofern steht die Politik oftmals in ein- und demselben Bundesland vor zwei gegenläufigen und gleichermaßen fordernden Entwicklungen, nämlich der wachsenden Bevölkerung in wenigen urbanen Regionen und der schrumpfenden Bevölkerung auf dem Land.[32] Interessant ist dabei, dass in jüngerer Zeit die enge Korrelation zu den regionalen

---

29 Siehe dazu allgemein *Eekhoff* Wohnungs- und Bodenmarkt, 2. Aufl. 2006, S. 3 f.; siehe ferner zur weiteren Entwicklung der Neubauquote (Neugebaute Wohnungen in Relation zu dem bisherigen Wohnungsbestand): 0,58% (2016), 0,59% (2017) und 0,61% (2018), vgl. zu den jährlich fertiggestellten Wohnungen Statistisches Bundesamt (Hrsg.), Bauen und Wohnen, 2019, S. 42 und 66, abrufbar im WWW unter der URL https://www.destatis.de/DE/Themen/Branchen-Unterneh men/Bauen/Publikationen/Downloads-Bautaetigkeit/baufertigstellungen-bauherren-pdf-5311201.pdf?__blob=publicationFile (zuletzt abgerufen am 1.7.2020), und für den jährlichen Wohnungsgesamtbestand *dass.*, Bautätigkeit und Wohnungen, 2019, S. 6, abrufbar im WWW unter der URL https://www.destatis.de/DE/Themen/Gesellschaft-Umwelt/Wohnen/Publikatio nen/Downloads-Wohnen/bestand-wohnungen-2050300187004.pdf?__blob=publicationFile (zuletzt abgerufen am 1.7.2020).
30 *Haus & Grund*, Vermieterbefragung, Ergebnisse 2019, S. 4, abrufbar im WWW unter der URL https://www.hausundgrund.de/sites/default/files/downloads/vermieterbefragungdeutsch land2019.pdf (zuletzt abgerufen am 1.7.2020).
31 Sachsen-Anhalt (12,6%), Sachsen (10,9%) und Thüringen (10,0%) wiesen 2017 die höchsten Leerstandsquoten auf, vgl. *BBSR*, Schwerpunktthema Leerstandsentwicklung im Stadtumbau, 2020, abrufbar im WWW unter der URL https://www.staedtebaufoerderung.info/StBauF/Shared Docs/Publikationen/StBauF/Stadtumbau/Schwerpunkthtema5.pdf?__blob=publicationFile&v=5 (zuletzt abgerufen am 1.7.2020).
32 *BBSR*, Wohnungs- und Immobilienmärkte 2016, Analysen Bau.Stadt.Raum, Bd. 12, 2016, S. 6.

Arbeitsmärkten aufgrund der insgesamt sehr guten Entwicklung der Arbeits-
märkte in Deutschland partiell entkoppelt worden ist.[33] Gleichwohl verbleiben
regionale Ungleichgewichte. Diesen kann durch politische Interventionen – wie
etwa die Verlagerung von Behörden oder die Ansiedlungen von Hochschulen bzw.
Forschungs- und Lehrabteilungen in strukturschwache Regionen – nur sehr begrenzt entgegengesteuert werden. Hier zeigt sich auch die Abhängigkeit des
nachgelagerten Wohnungsraummarktes vom vorgelagerten Bodenmarkt, der ein
physisch begrenztes, nicht vermehrbares knappes Gut darstellt.[34] Vermehrbar ist
daher nur die Dichte der Bebauung auf einer gegebenen Fläche und dies auch nur
begrenzt.

Die Bedeutung des Standortes führt jedoch letztlich zur Notwendigkeit einer
noch kleinteiligeren Betrachtung und in der Konsequenz – neben den gebäude-
internen qualitativen Kriterien wie beispielsweise die Wohnungsgröße, die
Raumanzahl oder der Bauzustand – zur Feststellung der *Heterogenität* des Wirt-
schaftsgutes Wohnung. Jede einzelne Wohnung zeichnet sich durch so viele Besonderheiten aus (Lage, Schnitt, Ausstattung, Belichtung, Beschallung etc.), dass
sie nur *begrenzt substituierbar* ist durch eine andere.[35] Angesichts der geringen
Homogenität ist auch die *Markttransparenz geringer* als etwa bei einem homo-
genen Wirtschaftsgut wie Autos. Schließlich ist ein *hoher Kapitaleinsatz* erforderlich und der Transfer von Wohnungen ist mit *hohen Transaktionskosten* verbunden, was wiederum die *Fungibilität* des Gutes *reduziert*.[36] Aus Sicht des
Nachfragers tritt noch die weitgehend *fehlende Teilbarkeit des Konsums* hinzu: So
kann der Bewohner einer Immobilie bei steigenden Quadratmeterpreisen nicht
kurzfristig mit einer Verringerung der spezifischen Nachfrage reagieren, indem er
etwa auf einen Teil der Fläche verzichtet („Untermieter").[37]

---

33 *Simons/Weiden* Schwarmverhalten, Reurbanisierung und Suburbanisierung, Information zur
Raumentwicklung, BBSR Heft 3.2016, S. 265 f., abrufbar im WWW unter der URL https://d-nb.info/
1155025490/34 (zuletzt abgerufen am 1.7.2020).
34 Zur Abhängigkeit *Eekhoff* Wohnungs- und Bodenmarkt, 2. Aufl. 2006, S. 17 f.; hinsichtlich der
Auswirkung hoher Boden- auf Wohnungspreise im Zusammenspiel mit anderen Faktoren (wie
dem spekulativen Zurückhalten von Baugenehmigungen) *BBSR*, Bauland als Engpassfaktor für
mehr bezahlbaren Wohnraum, 2017, passim und S. 15; *BBSR*, Wohnungs- und Immobilienmärkte
2016, Analysen Bau.Stadt.Raum, Bd. 12, 2016, S. 88.
35 *Gondring* Immobilienwirtschaft, 3. Aufl. 2013, S. 16 f.
36 Zu diesen Aspekten wiederum *Gondring* aaO, S. 17.
37 *Schuldt* Mietpreisbremse. Eine juristische und ökonomische Untersuchung der Preisregulierung für preisfreien Wohnraum, 2017, S. 52.

2 Marktversagen und Notwendigkeit staatlicher Eingriffe?

Vor dem Hintergrund dieser ökonomischen Besonderheiten stellt sich die Frage nach der prinzipiellen oder – mit Blick auf die Marktentwicklungen – auch nur punktuellen Notwendigkeit staatlicher Eingriffe, da der Markt seine Aufgaben nicht richtig erfüllen kann und es also zu einem Marktversagen kommt.

a) Fälle eines Marktversagens und prinzipielle Relevanz in Wohnungsmärkten

Auch wenn die Theorie des Marktversagens teils grundsätzlich[38], teils in den Details[39] in Frage gestellt wird, liefert sie doch einen sehr hilfreichen Rahmen für die Analyse hoheitlicher Interventionen in Märkte und die Bewertung ihres Beitrags zur tatsächlichen oder nur vermeintlichen Lösung tatsächlicher oder nur vermeintlicher Defizite des Marktgeschehens.

Ein Marktversagen liegt vor, wenn die Verteilung der Güter über den Markt nicht zu einer pareto-effizienten Allokation führt, d.h. ein Zustand, in dem es nicht möglich ist, eine Zieleigenschaft zu verbessern, ohne eine andere negativ zu beeinflussen.[40] Es wird eine Reihe von nachgerade „klassischen" Gründen für ein solchermaßen verstandenes Marktversagen angeführt.

So bestehen *Informationsasymmetrien* bzw. weiter gefasst *Transparenzdefizite*, da den Anbietern oftmals nicht hinreichend verlässliche Daten über die künftige Nachfrage vorliegen und den Nachfragern regelmäßig angesichts der Heterogenität des Angebots kein verlässlicher Überblick zur Verfügung steht. Die Beseitigung dieser Transparenzdefizite ist nur schwer möglich und jedenfalls mit erheblichen Transaktionskosten verbunden.[41] Die Digitalisierung erleichtert hier allerdings den Zugriff auf Informationen. Aus der Perspektive des einzelnen Mieters führen die fehlende Teilbarkeit und die spezifischen Investitionen in eine Wohnung (insbesondere auch in das soziale Umfeld) sowie die hohen Transaktionskosten eines Wohnungswechsels zu „Lock-in"-Effekten, die ein Marktversa-

---

38 Siehe die Auseinandersetzung mit verschiedenen kritischen Ansätzen gegenüber der paretianischen Wohlfahrtsökonomik und dem einer Marktversagensanalyse zugrundeliegenden Modell der vollständigen Konkurrenz etwa bei *Fritsch* Marktversagen und Wirtschaftspolitik, 10. Aufl. 2018, S. 57 ff.; zur allgemeinen Kritik auch *Schuldt* Mietpreisbremse. Eine juristische und ökonomische Untersuchung der Preisregulierung für preisfreien Wohnraum, 2017, S. 94.
39 Z.B. *Schuldt* Mietpreisbremse. Eine juristische und ökonomische Untersuchung der Preisregulierung für preisfreien Wohnraum, 2017, S. 96 ff.
40 Vgl. zum Begriff *Mayer* Theorie und Politik des Wohnungsmarktes, 1998, S. 81.
41 Ebenda, S. 53.

gen in Form einer Informationsasymmetrie begründen können. Der Mieter wird eher – als bei anderen Gütern – bereit sein, am individuellen Anbieter festzuhalten und eine Mieterhöhung zu tragen als die Wohnung zu wechseln. Bei Vertragsschluss kann er aber ein etwaiges opportunistisches Verhalten in Form späterer hoher Mietanpassungsforderungen des Vermieters nicht sicher abschätzen und auch nicht ausschließen. In diesem Zusammenhang zeigt sich auch, dass der Mieter in einem großen Umfang spezifische Investitionen in seine Wohnung und vor allem sein Mikroumfeld tätigt, was zu hohen „Lock-in"-Effekten führt. Im Zweifel möchte der Mieter am liebsten in der angestammten Wohnung, jedenfalls aber im angestammten Mikrobereich wohnen bleiben, da er sich mit diesem identifiziert und dort verwurzelt ist.

Die eingangs dargestellte lange Bereitstellungsdauer von mehr Wohnraum und die Dominanz des Bestandsmarktes führen zu einem jedenfalls *kurzfristig preisunelastischen Angebot* und nur einer mittel- bis langfristigen Preiselastizität von Angebot und Nachfrage.[42] Im Fall der Schwarmstädte bedeutet dies, dass ein starker Nachfrageüberhang nur mit erheblichem zeitlichem Verzug zur Ausweitung des Angebots führt. In der Konsequenz steigen die Preise in dieser Anpassungsphase deutlich. Hinzu kommt, dass im Falle der Ausschöpfung knapper Bodenreserven (und von Nachverdichtungsmöglichkeiten) das Ausmaß der Angebotserweiterung limitiert ist. Folglich werden bei unverminderter Nachfrage die Preise steigen, bis die Zahlungsbereitschaft abgeschöpft ist und in der Folge die Nachfrage nachlässt und sich gegebenenfalls in andere Räume verlagert.

Der Vollständigkeit halber sei darauf hingewiesen, dass auf Wohnungsmärkten auch *externe Effekte* insofern auftreten als der Wert einer Wohnung stark durch die Entwicklung der näheren Umgebung geprägt wird. Dies ist etwa positiv durch die Verbesserung der verkehrlichen Anbindung oder die Schaffung von nahegelegenen Grün- und Naherholungsflächen der Fall bzw. negativ durch die Änderung einer Flugroute mit gesteigertem Verkehrslärm im Mietobjekt.

Liegen diese Gründe eines Marktversagens vor, ist aus ordnungspolitischer Sicht eine staatliche Intervention gerechtfertigt, wenn diese zu einer Verbesserung der Situation, also zu einer effizienteren Güterverteilung, beiträgt. Dabei ist zu beachten, dass staatliches Handeln seinerseits fehleranfällig ist und Transaktionskosten generiert und daher gegebenenfalls trotz bestehender marktlicher Defizite zu einer Verschlechterung der Situation führt.

Diese potenziellen Marktversagensgründe sind strikt zu trennen von einem distributiven „Marktversagen", d. h. also der Einschätzung eines „ungerechten" Verteilungsergebnisses durch den Markt. Da der Markt auf Preissignale und nicht

---

42 Vgl. ebenda, S. 53.

auf spezifische Gerechtigkeitsvorstellungen reagiert, kann der Markt so verstandene Gerechtigkeitsziele von vornherein nicht erreichen. So kann der Markt etwa das von Kevin Kühnert in seiner damaligen Funktion als Vorsitzender der Jusos ausgegebene Ziel, dass „jeder maximal den Wohnraum besitzen (sollte), in dem er selbst wohnt", nicht erreichen.[43] Insoweit ist lediglich eine Umverteilung möglich. Im „Modell Kühnert" wäre diese maximal radikal.

b) Unklarheit über Regulierungsziele bei hoheitlichen Maßnahmen

Die zur Rechtfertigung von Interventionen angeführten Gründe in Gesetzesänderungen oder entsprechenden Vorschlägen lassen allzu oft keine klare Zuordnung der Maßnahmen anhand dieser Marktversagensanalyse erkennen bzw. weisen jedenfalls nicht differenziert auf die Probleme auf dem Wohnungsmarkt hin. Stattdessen wird einfach mit dem Befund steigender Mieten oder der Beobachtung von Gentrifizierungsprozessen argumentiert.[44] Für die grundrechtliche Bewertung interessant ist auch die Beobachtung, dass die Gemeinwohlziele regelmäßig nicht sorgfältig genug genannt werden. So wird meist sehr pauschal auf die Schwierigkeiten einkommensschwacher Haushalte und vor allem von Familien, geeigneten Wohnraum in begehrten Lagen zu erlangen, verwiesen, ohne dass näher auf eine diesbezügliche Ausrichtung der Steuerungsinstrumente eingegangen wird. Erst recht wird nicht klar genug herausgearbeitet, inwiefern die vorgeschlagene Maßnahme zu einer Zweckerreichung beiträgt, welche negativen Effekte zu befürchten sind und inwiefern die Eingriffe gleichwohl aus überwiegenden Gemeinwohlgründen gerechtfertigt werden können. So wird etwa diffus auf die Vermeidung einer Gentrifizierung[45] verwiesen, ohne dass klar wird, welche

---

43 Siehe dazu etwa den Bericht abrufbar im WWW unter der URL https://www.stuttgarter-zeitung.de/inhalt.kevin-kuehnert-will-immobilienbesitz-beschraenken-jeder-sollt-maximal-den-wohnraum-besitzen-in-dem-er-selbst-wohnt.95cbac2a-261a-4c24-b74a-360d03c969e7.html (zuletzt abgerufen am 1.7.2020).

44 Siehe für die Einführung der „Mietpreisbremse" den Gesetzesentwurf v. 10.11.2014, BT-Drs. 18/3121, S. 11 f. und 15, wo letztlich nur pauschal auf Gentrifizierungsprozesse, steigende Mieten und das Nahziel der Dämpfung der Wiedervermietungsmieten verwiesen und zugleich eingeräumt wird, dass die „Mietpreisbremse" „keinen zusätzlichen Wohnraum" generiert; bei Einführung der Möglichkeit einer Herabsetzung der Kappungsgrenze auf 15 % wird ebenso wenig näher auf Regulierungsziele eingegangen, sondern lediglich auf das Nahziel der Dämpfung der Mietpreissteigerungen verwiesen, vgl. hierzu Beschlussempfehlung zum Gesetzesentwurf v. 12.12.2012, BT-Drs. 17/11894, S. 21 u. 23. Nähere Hinweise auf volkswirtschaftliche oder empirische Untersuchungen zu den eingeführten Maßnahmen fehlen.

45 Entwurf zum Mietrechtsnovellierungsgesetz v. 10.11.2014, BT-Drs. 18/3121, S. 11 und 19.

dahinterstehenden Gemeinwohlziele im Fall der erfolgreichen Bekämpfung jenes Prozesses verfolgt und auch mit hinreichender Wahrscheinlichkeit erreicht werden können. Angesichts der aufgezeigten Besonderheiten einer hohen Identifikation des Mieters mit seinem Mikroumfeld liegt wohl ein „Recht auf Heimat"[46] nahe, das auf den ersten Blick allemal sympathisch und auch politisch nachvollziehbar erscheint. Es wirft jedoch Definitionsschwierigkeiten auf: Für wen gilt es und für wen muss es geschützt werden? Für die noch einfacher zu identifizierende Gruppe der Geringverdiener bzw. für Familien? Oder etwa für die schwer eingrenzbare Gruppe der „Ortsansässigen"? Denn womit qualifiziert man sich als Ortsansässiger? Vermutlich am ehesten durch eine eigene lange Lebensdauer im Viertel (oder etwa die der Eltern?). Das kollidiert jedoch mit dem – auch unionsrechtlich – fundierten Gedanken der Freizügigkeit (Art. 11 GG; Art. 21, 45 AEUV). Inwiefern muss sodann ein Beruf hinzukommen, der vor Ort auszuüben ist, wie es etwa anklingt, wenn dafür plädiert wird, dass Berufsgruppen wie Polizisten oder Lehrer arbeitsortsnah bezahlbaren Wohnraum finden müssen? Dabei ist auch darauf hinzuweisen, dass teils der Schutz vor Gentrifizierung in Vierteln gefordert und gefördert wird, in denen es ohnehin bereits in erheblichem Umfang zu einem Austausch der Bevölkerung gekommen ist. Das gilt etwa für den Prenzlauer Berg in Berlin, in dem der Anteil der „Vorwende-Bewohner" bzw. entsprechender sozialer Milieus, die noch immer im Prenzlauer Berg leben, überschaubar sein dürfte. Es wäre jedenfalls einer vertieften Untersuchung wert, inwiefern hier „Gentrifizierer der ersten Generation" gegen solche der zweiten oder dritten Generation geschützt werden.[47] Oder geht es um ein ganz anderes Ziel, nämlich um eine gewünschte Heterogenität der Wohnbevölkerung? Wenn ja, warum sollte das notwendig sein? Aus Sicherheitsgründen? Diese entstehen aber

---

46 Für die Anerkennung eines solchen Rechts im Zusammenhang mit Umsiedlungsmaßnahmen zugunsten des Braunkohletagebaus *Baer* NVwZ 1997, S. 27 ff., die Heimat definiert als „freiwillig gewählter, identitätsstiftender, soziokultureller, territorial bezogener und gesicherter Lebenszusammenhang" und ergänzt: „Die Größe der Heimat kann im Einzelfall differieren, wird aber regelmäßig mit der einer Gemeinde zusammenfallen und über die einzelne Wohnung hinausgehen." Das BVerfG hat ein eigenständiges „Recht auf Heimat" aus Art. 11 GG in diesem Zusammenhang allerdings abgelehnt und entsprechende Schutzwirkungen aus der Eigentumsfreiheit des Art. 14 GG abgeleitet, siehe BVerfG, Urt. v. 17.12. 2013 – 1 BvR 3139/08, Rn. 263 ff., abrufbar im WWW unter der URL http://www.bverfg.de/e/rs20131217_1bvr313908.html – ECLI:DE: BVerfG:2013:rs20131217.1bvr313908 (zuletzt abgerufen am 1.7.2020).
47 Empfehlenswert in literarischer Hinsicht insoweit das Buch von *Schulz* Skandinavisches Viertel, 2018, das von den Umbrüchen in diesem Teil des Prenzlauer Bergs aus der Perspektive eines selbst erklärten „Anti-Gentrifizierungs-Makler" erzählt, der es sich zur Aufgabe gemacht hat, gleichsam als „Türsteher" unpassenden Neureichen den Zuzug in „sein Viertel" zu verwehren.

doch eher in Problemvierteln und nicht in gentrifizierten Gegenden.[48] Ist Heterogenität gegebenenfalls ein öffentliches Gut oder nur ein schlicht politisch gewünschtes Ziel? Sorgt Heterogenität gar, wie teilweise behauptet wird, für eine Kreativität und Produktivität[49]? Gibt es dafür einen belastbaren empirischen Beleg?

Letztlich geht es demnach um das gesetzte Ziel, dass der Wohnraum bezahlbar bleiben soll. Aber wie viel Wohnraum wo und für wen genau? Denn das Problem, dass sich in jenen angespannten Wohnungsmärkten abspielt, lässt sich ja weder leugnen, noch wegdefinieren: Es wollen dort einfach mehr Menschen leben als Wohnraum vorhanden ist. Kurzum: Wohnraum ist knapp. Dann gibt es aber ganz grundsätzlich nur die Möglichkeit, den vorhandenen Wohnraum zu erweitern (Nachverdichtung etc.) oder die Nachfrage zu drosseln. Letzteres kann wiederum dadurch erfolgen, dass die Nachfrage „umgelenkt" wird und insbesondere die Ansiedlung jenseits der angespannten Wohnungsmärkte attraktiver wird – etwa durch den ÖPNV-Anschluss von Umlandgemeinden. Andernfalls bleibt nur die Möglichkeit, dass die Menschen in angespannten Wohnungsmärkten ihren durchschnittlichen Wohnbedarf einschränken. Erfolgt aber weder ein Ausbau noch eine Drosselung der Nachfrage, verschärft sich der (verteilungspolitische) Kampf um den knappen Wohnraum. Drosselt der Gesetzgeber jetzt noch das Preissignal, indem etwa durch Kappungen der Mieten derselbe vorhandene Wohnraum „günstiger" wird, steigt die Nachfrage weiter, da mehr Personen sich mehr von diesem vergünstigten Wohnraum leisten können. Zugleich wird das Angebot im Ergebnis verknappt. Denn selbst wenn angesichts des unregulierten Neubausegments dort die Preise in die Höhe schießen und dadurch zusätzliche Investitionsanreize entstehen, ist dieser Effekt doch geringer als die gegenläufigen Effekte. So führen derart radikale und auch überraschende Markteingriffe wie in Berlin zur Verunsicherung von Investoren: Wenn auch Neubauten gegenwärtig von der Regulierung freigestellt sind, wer garantiert, dass sich dies nach einem weiteren Politikschwenk nicht für die getätigten Investitionen in einem investitionsrelevanten Zeitraum ändert? Hier zeigen sich die negativen Effekte einer disruptiven Regulierungspolitik in einem auf langfristiges Vertrauen angelegten Investitionsumfeld. Noch viel deutlicher sind jedoch bereits jetzt die Effekte der Angebotsverknappung durch die Verlagerung des Mietwohnmarktes in den Verkaufswohnmarkt. So zeigt sich schon binnen kurzer Zeit

---

48 Siehe dazu Hinweise bei *Weigelt* Die wachsende Stadt als Herausforderung für das Recht. Rechtliche Instrumente zum Erhalt und zur Schaffung heterogener Bevölkerungsstrukturen in der Innenstadt, 2016, S. 16 f.
49 Dazu *Weigelt* aaO, S. 17, allerdings ohne, dass insoweit wirklich belastbare empirische oder andere Studien ersichtlich sind, die das hinreichend belegen.

als offensichtlicher Effekt des Berliner „Mietendeckels", dass im verschärft regulierten Marktsegment der Verkauf der bislang als Mietobjekte gehaltenen Wohnungen mit Baujahr älter als 2014 ansteigt.[50] Insoweit wird der (verteilungspolitische) Kampf nochmals verschärft. Schon jetzt sei auf die massiv kontraproduktiven sozialen Effekte verwiesen, da im Kaufsegment sowie im deutlich reduzierten Neuvermietungssegment gerade einkommensschwache Haushalte besonders benachteiligt sind.

---

50 Siehe die Nachweise, dass bezogen auf den Zeitraum des Stichtags der Berliner Regelung, ab dem die Mieten „eingefroren" wurden (18.6.2019), ein Anstieg der Verkaufsangebote im Marktsegment der verschärft regulierten Mietobjekte mit Baujahr älter als 2014 um 44% (!) erfolgte, abrufbar im WWW unter der URL https://embed.presseportal.de/de/31321/article/4625790 (zuletzt abgerufen am 1.7.2020).

III Spektrum möglicher Handlungsinstrumente und ökonomische Implikationen

Häufig verfolgen die Instrumente jedoch gar nicht präzise ein Ziel, sondern eher diffus mehrere Ziele. Mit Blick auf die Vielzahl der Handlungsinstrumente kann gleichwohl unterschieden werden zwischen Instrumenten, die explizit die Mietpreise steuern (dazu 1.), und solchen, die implizit eine hoheitliche Steuerung der Mietpreise anstreben (2.).

1 Instrumente zur unmittelbaren Regulierung des Mietpreises

Die ökonomischen Auswirkungen der Regulierungsmaßnahmen sind davon abhängig, ob diese Bestandsmieten (dazu a)) oder Neuvermietungen (dazu b)) adressieren.

a) Regulierung der Bestandsmieten

Die Regulierung der Erhöhungsmöglichkeiten von Bestandsmieten entspricht einer langen Tradition im BGB in Form eines Vergleichsmietenkonzepts (dazu aa)), das durch eine Kappungsgrenze im BGB ergänzt wurde (dazu bb)) und nunmehr in Berlin durch einen absoluten Mieterhöhungsstopp, also einem Einfrieren der Mieten (dazu cc)), und, noch einen Schritt weiter, durch die Möglichkeit der aktiven Mietenabsenkung (dazu dd)) ergänzt wird.

aa) Erhöhungsschranken anhand der Vergleichsmiete im BGB

Können sich die Mietparteien im laufenden Mietverhältnis nicht gemäß § 557 Abs. 1 BGB auf eine Anpassung der Mietpreishöhe einigen, greift das Anpassungsverfahren anhand der örtlichen Vergleichsmiete gemäß den §§ 558 bis 558e BGB. Haben die Mietparteien keine Indexmiete oder Staffelmiete vereinbart, erfolgt die Anpassung der Miethöhe auf Basis der ortsüblichen Vergleichsmiete. Hintergrund ist dabei die Überlegung, dass eine Orientierung an den Mieterhöhungen von Mietobjekten vergleichbarer Lagen einen gerechten Interessenausgleich bietet. Diese Preisanpassungen werden durch gegebenenfalls höhere Neuvermietungen ebenso wie durch die Mietanpassungen in Bestandsmietverhältnissen anderer Wohnungen bestimmt. Da auch der Wert einer Immobilie (jedenfalls nach dem Ertragswertverfahren) von den Mieteinnahmemöglichkeiten vergleichbarer Objekte geprägt wird, gibt dieses Verfahren dem Vermieter die Möglichkeit zu einer berechenbaren und aus der ursprünglichen Investitionsperspektive passenden Kapitalanlage. Aus der Sicht des Mieters besteht ebenfalls grundsätzlich eine Berechenbarkeit. Es bleibt jedoch gleichwohl das Problem, dass etwaige Preissprünge, die deutlich über die Inflation oder die allgemeine Gehaltsentwicklung hinausgehen, die Finanzierbarkeit in Frage stellen können. Dies gilt natürlich individuell erst recht, wenn der Mieter an Zahlungskraft (z. B. durch Arbeitslosigkeit) verliert. Im Übrigen sind die Spielräume zur Erhöhung der Mieten von der spezifischen Ausgestaltung der Vergleichsmietenberechnungen abhängig und insbesondere von der Qualität der Mietspiegel[51].

Auch wenn hier viele Probleme im Detail stecken, kann diese klassische Regulierung der Mietpreiserhöhungen im Rahmen von Bestandsmieten mit dem Argument der Langfristigkeit des Mietverhältnisses und der „Lock-in"-Effekte des Mieters sowie der oben skizzierten Informationsasymmetrie hinsichtlich des opportunistischen Verhaltens des Vermieters begründet werden. Für diese Form des „sozialen Mieterschutzes" existiert also durchaus ein Marktversagensgrund. Allerdings bringt schon dieses Instrument das Risiko mit sich, dass es in seiner Gesamtheit zu einer Verringerung des Wohnungsangebots führt. Unter Ökonomen ist das allerdings umstritten.[52] Damit besteht jedenfalls die Gefahr, dass die Bestandsmietenbegrenzung zu Lasten der Wohnungssuchenden geht. Bei einem starken Auseinanderdriften von Bestands- und Neuvermietungspreisen verschärft sich im Übrigen der Effekt, dass Mieter in Wohnungen verharren, obwohl diese durch Veränderungen über den Zeitablauf (Geburt oder Auszug von Kindern) fehldimensioniert sind (zu klein oder zu groß etc.). Es kommt daher zu einer Fehlallokation von Wohnraum. Je nachdem, wie stark diese Effekte sind und gewichtet werden, sprechen die besseren ökonomischen Gründe für oder gegen eine mehr oder weniger strenge Bestandsmietenbegrenzung.

bb) Kappungsgrenze für Mieterhöhungen im BGB

Um die im Fall stark steigender Vergleichsmieten in Bestandsmietverhältnissen möglichen Preissprünge zu verhindern, greift sodann nach § 558 Abs. 3 BGB eine zweite Schranke in Form der sogenannten Kappungsgrenze. Diese untersagt

---

51 Siehe zur regelmäßig mangelnden Qualität der Mietspiegel und der daraus folgenden Reformbedürftigkeit *Sebastian* ZfWP 2016, 240; siehe auch *Voigtländer* Luxusgut Wohnen. Warum unsere Städte immer teurer werden und was jetzt zu tun ist, 2017, S. 165.
52 Siehe die Darstellung der verschiedenen Positionen bei *Schuldt* Mietpreisbremse. Eine juristische und ökonomische Untersuchung der Preisregulierung für preisfreien Wohnraum, 2017, S. 59 ff.

Mieterhöhungen in einem bestehenden Mietverhältnis, die mehr als 20 % in drei Jahren betragen. Ergänzend besteht für die Bundesländer die Möglichkeit, für besonders angespannte Wohnungsmärkte die Kappungsgrenze auf 15 % abzusenken. Davon haben mittlerweile fast alle Bundesländer Gebrauch gemacht.[53] Sofern eine vom Vermieter gewünschte, darüber hinausgehende Preiserhöhung durch eine niedrige Ursprungsmiete bei Vertragsabschluss begründet ist, lässt sich hier die oben skizzierte Informationsasymmetrie zur Rechtfertigung der Regelung heranziehen. Im Fall einer nachholenden Miethöhenanpassung aufgrund eines längeren Verzichts auf Mieterhöhungen in einem Bestandsmietverhältnis fällt das schwerer. Dementsprechend fehlt es insoweit schon an einem Marktversagen, das eine hoheitliche Intervention begründen kann, so dass sie sich ökonomisch nicht rechtfertigen lässt. Damit handelt es sich letztlich um eine verteilungspolitische Maßnahme, die auf ihre Gerechtigkeit hin zu befragen ist.

cc) Mieterhöhungsstopp in Berlin

Einen deutlichen Schritt weiter geht das Berliner „Gesetz zur Neuregelung gesetzlicher Vorschriften zur Mietenbegrenzung", dessen Herzstück Art. 1 ist, nämlich das „Gesetz zur Mietenbegrenzung im Wohnungswesen in Berlin" (MietenWoG Bln).[54] Dieses gibt in § 3 MietenWoG Bln einen Mieterhöhungsstopp vor, der für fünf Jahre gilt (Art. 4 Abs. 2 des Gesetzes zur Neuregelung gesetzlicher Vorschriften zur Mietenbegrenzung). Er greift für alle Mieterhöhungen nach dem Stichtag vom 18. Juni 2019. Erhöhungen gemäß den Staffel- und Indexmieten werden ebenfalls gestoppt. Die Mieten werden also gleichsam eingefroren mit einer Inflationsanpassung ab dem 1. Januar 2022, die jedoch auf 1,3 % gedeckelt wird. § 1 MietenWoG Bln beschränkt die Anwendung des Gesetzes mit einigen weiteren Ausnahmen für öffentlich besonders gebundenen Wohnraum und in zeitlicher Hinsicht auf einen solchen, der „ab dem 1. Januar 2014 erstmalig bezugsfertig wurde".

---

53 Einen guten Überblick über die erlassenen Verordnungen und die erste Rechtsprechung dazu bis Ende 2018 findet sich in einer Untersuchung des BMJV, abrufbar im WWW unter der URL https://www.bmjv.de/SharedDocs/Downloads/DE/Ministerium/ForschungUndWissenschaft/ MPB_Gutachten_gerichtlichePraxis_BMJV.pdf?__blob=publicationFile&v=3 (zuletzt abgerufen am 1.7.2020).
54 Gesetz zur Neuregelung gesetzlicher Vorschriften zur Mietenbegrenzung des Landes Berlin vom 11.2.2020, GVBl. Berlin, S. 50 – 52.

dd) Mietenabsenkung bei überhöhten Bestandsmieten in Berlin

Zudem folgt aus § 5 MietenWoG Bln die Notwendigkeit der Kappung überhöhter Bestandsmieten. Dazu wird in § 6 MietenWoG Bln eine Tabelle mit Mietobergrenzen normiert, die orientiert am Baujahr und der Ausstattung der Wohnung fixe Mietpreise pro Quadratmeter festlegt. Kosten von Modernisierungsmaßnahmen können nach § 7 MietenWoG Bln in begrenztem Umfang auf die Miete aufgeschlagen werden. Überhöht ist eine Miete nach § 5 Abs. 1 S. 2 MietenWoG Bln dann, wenn der gemäß den §§ 6 und 7 MietenWoG Bln ermittelte Wert um 20 % überschritten wird. Dies ist nach § 5 Abs. 1 S. 1 MietenWoG Bln verboten (im Sinne des § 134 BGB). Dabei ist allerdings die Wohnlage zu berücksichtigen, die zu Abzügen oder Zuschlägen führen kann. § 8 MietenWoG Bln sieht zudem eine Härtefallklausel vor. Insofern wird als unbillige Härte gemäß § 8 Abs. 2 MietenWoG Bln der Fall definiert, dass die durch den Mieterhöhungsstopp gemäß den §§ 3 – 7 MietenWoG Bln gebundenen Mieten „auf Dauer zu Verlusten für die Vermieterinnen und Vermieter oder zur Substanzgefährdung der Mietsache führen würde[n]". Zusätzlich verlangt § 8 Abs. 1 MietenWoG, dass eine angemessene Erhöhung der Miete nur erfolgt, wenn „dies aus Gründen, die nicht im Verantwortungsbereich der Vermieterinnen und Vermieter liegen, erforderlich ist". Die Regelung ist zudem als Ermessensvorschrift („kann") ausgestaltet.

Ein Marktversagensgrund für diese Maßnahmen liegt jedenfalls nicht auf der Hand. Das wird besonders mit Blick darauf deutlich, dass der Mieterhöhungsstopp sogar für Staffelmieten greift, und dies auch dann, wenn die Staffelmiete unterhalb der Anpassung von 15 % in drei Jahren liegt, etwa bei 2 oder 3 % p.a. Hier besteht jedenfalls keinerlei Informationsasymmetrie. Allenfalls könnte mit dem Argument der Internalisierung positiver externer Effekte argumentiert werden unter Hinweis darauf, dass die Eigentümer nicht nur aufgrund eigener Leistung eine Wertsteigerung erlangt haben, sondern auch aufgrund von öffentlichen Investitionen und Maßnahmen, die zur Steigerung der Attraktivität des Umfelds beigetragen haben. Im Übrigen können lediglich verteilungspolitische Ziele geltend gemacht werden, dahingehend, dass die Mietsteigerungen von den Mietern nicht zu tragen sind und daher die marktbedingten Einnahmemöglichkeiten der Vermieter gekappt werden müssen.

b) Regulierung von Neuvermietungen

aa) Vorbemerkung

Für die Regulierung von Neuvermietungen fehlt ebenfalls der Marktversagensgrund der Informationsasymmetrie und insofern kommt auch hier allenfalls der Grund der Internalisierung externer Effekte in Betracht – mit den soeben bereits skizzierten Fragezeichen. Weitgehende Einigkeit besteht im Übrigen in der Ökonomie, dass die Preisregulierung von Neuvermietungen einen dämpfenden Effekt für Neubauinvestitionen bedingt, auch wenn diese an sich von den Vorschriften nicht erfasst werden.[55] Das ergibt sich jedenfalls aus dem psychologischen Effekt, dass jederzeit mit vergleichbaren künftigen Regelungen innerhalb des Abschreibungszeitraums der Investitionen für die fertiggestellten Neubauten, die dann als Bestandsbauten gelten, zu rechnen ist.[56] Uneinigkeit besteht lediglich darin, wie stark dieser Effekt auch in Abhängigkeit von der Schärfe der Preisbindungen ist.

Historisch gesehen wurde die Mietpreisbindung in der Bundesrepublik Deutschland nach dem zweiten Weltkrieg schrittweise abgeschafft und galt nur in West-Berlin bis zum Jahr 1988 fort. In der DDR wurde dagegen der 1936 von den Nationalsozialisten verhängte Mietpreisstopp von der DDR-Regierung verlängert und erst nach der Wiedervereinigung Schritt für Schritt aufgehoben.[57]

Insofern stellt die Wiedereinführung im BGB in Form einer „Mietpreisbremse" im Jahr 2015 (dazu bb)) und in Form deutlich schärferer Mietobergrenzen in Berlin im Jahr 2020 (dazu cc)) einen markanten Wendepunkt in der Wohnungspolitik der Zeit nach der Wiedervereinigung dar.

bb) „Mietpreisbremse" im BGB

Die vom Bundesgesetzgeber eingeführte „Mietpreisbremse" ermöglicht es den Ländern in den §§ 556d ff. BGB, per Verordnung Gebiete mit angespannten Wohnungsmärkten zu definieren. In diesen Gebieten darf bei Neuvermietungen die Miethöhe nicht mehr als 10 % über der ortsüblichen Vergleichsmiete liegen. Weitere Verschärfungen der bestehenden Regelung im Sinne einer Absenkung des zulässigen Aufschlags im Rahmen der „Mietpreisbremse" oder gar eines vollständigen Einfrierens der Miethöhe sind vom Bund abgelehnt worden. So haben

---

55 *Schuldt* Mietpreisbremse. Eine juristische und ökonomische Untersuchung der Preisregulierung für preisfreien Wohnraum, 2017, S. 74; speziell zum Berliner „Mietendeckel" jetzt auch *Sagner/Voigtländer* Volkswirtschaftliche Folgen des Berliner Mietendeckels, Gutachten im Auftrag der CDU Fraktion Berlin, November 2019, S. 30 f., abrufbar im WWW unter der URL https://www.iwkoeln.de/fileadmin/user_upload/Studien/Gutachten/PDF/2019/IW-Gutachten_2019-Mietende ckel.pdf (zuletzt abgerufen am 1.7.2020).
56 *Schuldt* Mietpreisbremse. Eine juristische und ökonomische Untersuchung der Preisregulierung für preisfreien Wohnraum, 2017, S. 76; *Sagner/Voigtländer* aaO, S. 30 f.
57 Siehe zur Entwicklung des Mieterschutzes auch *Häublein/Lehmann-Richter* Mieterschutz in der Bundesrepublik Deutschland, 2009, abrufbar im WWW unter der URL https://www.uibk.ac.at/zivilrecht/team/haeublein/mieterschutz_in_deutschland_langversion.pdf (zuletzt abgerufen am 1.7.2020).

entsprechende Vorschläge der SPD-Bundestagsfraktion[58] und der Bundestags-fraktion „Die LINKE"[59] keine Mehrheit im Parlament gefunden. Der Bund hat vielmehr 2018/2019 eine Verschärfung in Form einer Auskunftsregelung einge-führt.[60] Der Bundestag hat zudem am 14. Februar 2020 neben einer moderaten Verschärfung der „Mietpreisbremse" dadurch, dass Rückzahlungsansprüche des Mieters für zu viel gezahlte Miete wegen Überschreitens der zulässigen Miete auf die vergangenen 30 Monate ausgedehnt werden (§ 556g Abs. 2 BGB), eine Fort-schreibung der zunächst auf fünf Jahre befristeten „Mietpreisbremse" um weitere fünf Jahre bis Ende 2025 ratione temporis beschlossen[61]. Dabei gilt diese Regelung weiterhin – vergleichbar dem Berliner Gesetz (dort wird auf die Bezugsfertigkeit zum 1. Januar 2014 abgestellt) – nicht für „eine Wohnung, die nach dem 1. Oktober 2014 erstmalig genutzt oder vermietet wird", § 556f Satz 1 BGB. Ferner greift eine etwas weiter gefasste Modernisierungsklausel als im Berliner Gesetz, § 556e Abs. 2 BGB. Schließlich gibt es – weiterhin – eine Ausnahme für Wohnungen, die bereits entsprechend teuer vorvermietet waren, § 556e Abs. 1 BGB.

cc) Mietobergrenzen in Berlin

In Berlin wurden mit der gesetzlichen Regelung aus dem Jahr 2020 auch für Neuvermietungen (und erstmalige Vermietungen) nach dem Inkrafttreten des Gesetzes gemäß § 4 MietenWoG Bln Mietobergrenzen eingeführt. Allerdings ent-fällt erschwerend für die Vermieter der für Bestandsmieten in § 5 Abs. 1 S. 2 MietenWoG Bln vorgesehene zwanzigprozentige Zuschlag. Das bedeutet, dass der Vermieter im Falle einer bisherigen Ausschöpfung des zwanzigprozentigen Zu-schlags im Rahmen eines bestehenden Mietverhältnisses bei einer Neuvermie-tung die Miete um 20 % absenken muss. Die Härtefallklausel nach § 8 MietenWoG Bln greift hingegen genauso wie bei Bestandsmieten.

---

58 Beschluss der SPD-Bundestagsfraktion vom 1.9.2016, S. 1, abrufbar im WWW unter der URL https://www.spdfraktion.de/system/files/documents/bezahlbare-wohnungen-schaffen-miet recht-sozial-gestalten_spd-fraktion.pdf (zuletzt abgerufen am 1.7.2020).
59 BT-Drs. 19/259 sowie BT-Drs. 19/2516.
60 Mietrechtanpassungsgesetz – MietAnpG vom 18.12.2018 (BGBl. I S. 2648 ff.).
61 Gesetz zur Verlängerung der Regelungen über die zulässige Miethöhe bei Mietbeginn vom 19.3.2020 (BGBl. I S. 540); Gesetzesentwurf vom 11.12.2019, BT-Drs. 19/15824; Beschlussempfeh-lung vom 12.2.2020, BT-Drs. 19/17156 und Gesetzesbeschluss vom 14.2.2020, BR-Drs. 87/20; auf diesen Zusammenhang verweisen zu Recht auch *Schede/Schuldt* NVwZ 2019, 1572 (1575).

2 Instrumente zur mittelbaren Steuerung der Mietpreise

a) Kommunale Wohnungsgesellschaften, Vergesellschaftung und kommunale Vorkaufsrechte

Neben den Instrumenten zur unmittelbaren Steuerung der Mietpreise kann das Betreiben kommunaler Wohnungsgesellschaften als mittelbares Instrument der Mietpreissteuerung angesehen werden. Über das Vorhalten von Wohnungsgesellschaften kann die Kommune für diejenigen Personen, die dort Wohnungen erlangen, grundsätzlich eine eigene Mietpreispolitik verfolgen. Bewegen sich die geforderten Mieten signifikant unterhalb des Marktüblichen,[62] kann dies bei erheblichen kommunalen Beständen über die Wirkungsmechanismen der Vergleichsmiete auch insgesamt einen preisdämpfenden Effekt auf dem Bestandsmietenmarkt auslösen. Allerdings sind die Spielräume kommunaler Wohnungsbauunternehmen zu marktunüblichem Verhalten schon mit Blick auf die EU-beihilfenrechtliche Kontrolle beschränkt. Sie sind vor allem durch sozialpolitische Ziele zu rechtfertigen. Hier liegt gegebenenfalls auch das größere Steuerungspotenzial kommunaler Wohnungsbaugesellschaften, über die gezielt Personen der Zugang zu Wohnraum verschafft werden kann, die bei der Suche benachteiligt sind (alleinerziehende Mütter, gegebenenfalls Ausländer oder Familien). In Bezug auf das letztgenannte Ziel läge jedenfalls ein überzeugendes verteilungspolitisches Ziel vor.[63]

Die in Berlin im Rahmen eines Volksentscheids angestrebte Vergesellschaftung von Wohnungsgesellschaften[64] soll dabei einen schnellen Weg zum Erwerb kommunaler Wohnungsgesellschaften eröffnen. Kommunale Vorkaufsrechte

---

62 Dazu kritisch *Voigtländer* Luxusgut Wohnen. Warum unsere Städte immer teurer werden und was jetzt zu tun ist, 2017, S. 203.

63 Kritisch hinsichtlich einer sozialpolitischen Steuerung über die Wohnungsbaugesellschaften *Voigtländer* Argumente für den Verkauf kommunaler Wohnungen, IW Policy Paper 08/2018, S. 13 f, abrufbar im WWW unter der URL https://www.iwkoeln.de/fileadmin/user_upload/Studien/policy_papers/PDF/2018/IW-Policy-Paper_2018_08_Verkauf_oeffentlicher_Wohnungen.pdf (zuletzt abgerufen am 1.7.2020).

64 Dazu *Berliner Morgenpost*, Enteignung: Der Faktencheck zum Volksbegehren, 31.3.2019, abrufbar im WWW unter der URL https://www.morgenpost.de/berlin/article216787005/Enteignung-Der-Faktencheck-zum-Volksbegehren.html (zuletzt abgerufen am 1.7.2020); ablehnend gegenüber der Wirksamkeit *Kloepfer* NJW 2019, 1656; *Schmidt* DÖV 2019, 508; inzwischen hat die Berliner Senatsverwaltung für Inneres und Sport das Volksbegehren als zulässig bewertet, vgl. Senatsverwaltung für Inneres und Sport, Pressemitteilung vom 17.9.2020, abrufbar im WWW unter der URL https://www.berlin.de/sen/inneres/presse/pressemitteilungen/2020/pressemitteilung.993149.php (zuletzt abgerufen am 20.09.2020).

können dabei ebenfalls ein Vehikel sein, um Grundstücke oder Gebäude für kommunale Wohnungsgesellschaften zu erwerben.

b) Sonderfall Milieuschutz

Einen Sonderfall stellen schließlich Milieuschutzsatzungen bzw. soziale Erhaltungsverordnungen dar. Sie sollen die soziale Struktur in einem Stadtviertel sichern, aber zugleich mittelbar auch eine mietpreisdämpfende Wirkung entfalten. Denn sie verbieten in bestimmten Vierteln Modernisierungsmaßnahmen (etwa den Anbau von Balkonen) und verhindern so anschließende modernisierungsbedingte Mietpreissteigerungen. Sie beschränken in ihrer Wirkung daher weniger das quantitative Wachstum, sondern vielmehr die qualitative Entwicklung des Bestands, ohne dass sie hinreichend präzise verteilungspolitische Effekte generieren können. Es handelt sich damit ebenfalls um sehr pauschale Instrumente zur Bekämpfung der Gentrifizierung und dies bei einer scharfen eigentumsrechtlichen Eingriffswirkung. Zudem kann die Umwandlung in Eigentumswohnungen untersagt werden, was gerade im Zusammenspiel mit den skizzierten unmittelbaren Mietpreisregulierungsinstrumenten von Bedeutung ist: Denn so wird dem Eigentümer die Möglichkeit genommen, angesichts unbefriedigender Neuvermietungsperspektiven die Wohnung an einen Eigennutzer zu verkaufen. Diese Einschränkung steigert die Eingriffswirkung und ist auch aus ökonomischer Perspektive sehr fraglich.[65]

3 Kontrastfolie: Instrumente zur Vergrößerung des Angebots an Wohnraum

Alle bislang skizzierten Instrumente sorgen nicht für eine Ausweitung des Wohnungsangebots. Sie steuern bestenfalls den Zugang zum und die Preise des vorhandenen Bestands. Im schlechteren Fall führen sie zu *Qualitäts*minderungen im Bestand und *Quantitäts*minderungen im Neubau und erhöhen den Nachfragedruck, da sie etwa für Zuzugswillige, die über Alternativen nachdenken (nicht in Schwarmstädte zu ziehen), kein entsprechend scharfes Preissignal senden. Die vergünstigte Bereitstellung von Wohnraum mindert auch die Bereitschaft, diesen

---

65 Siehe zu diesem Zusammenhang besonders kritisch *Voigtländer* Luxusgut Wohnen. Warum unsere Städte immer teurer werden und was jetzt zu tun ist, 2017, S. 193 f.

zu verkleinern und sorgt auch so für eine Angebotsverknappung und damit eine Verschärfung der verteilungspolitischen Kämpfe.

Darüber hinaus gibt es eine Reihe weiterer gegenwärtig aktivierter und diskutierter Instrumente, die zu einem Ausbau des Angebots führen bzw. dessen Verringerung verhindern können. Dies betrifft zum einen Zweckentfremdungsverbote, die eine („versteckte") Umwandlung von Wohnraum in Ferienwohnungen untersagen bzw. einer Genehmigungspflicht unterwerfen.[66] In diese Kategorie gehören auch die Möglichkeiten von Baugeboten, um ungenutzte Flächen Privater zu aktivieren.[67] Damit ist bereits der Übergang zu den nicht eingriffsrelevanten Instrumenten der öffentlichen Hand zur Schaffung von Wohnraum markiert, die tatsächlich substantiell für eine Ausweitung des Angebots sorgen können, namentlich die Ausweisung von Bauland[68], die zügige Erteilung von Baugenehmigungen[69] und die Eröffnung von Nachverdichtungsmöglichkeiten[70].

---

[66] Dazu *Siegel* LKV 2019, 399; *Weber* NVwZ 2019, 761.

[67] Dazu *Bunzel/Niemeyer* ZfBR 2018, 743 (748 ff.).

[68] *Henger* Wachsende Großstädte: Mehr Bevölkerung verlangt auch mehr Wohnungsbau, in: ifo Schnelldienst 21/2018, S. 23 (24), abrufbar im WWW unter der URL https://www.cesifo.org/DocDL/sd-2018-21-11-8.pdf (zuletzt abgerufen am 1.7.2020); siehe dort auch die Übersichtsdarstellung zum Wohnungsgutachten des Wissenschaftlichen Beirats beim BMWi von *Breyer* Scheitern der sozialen Wohnungspolitik: Wie bezahlbaren Wohnraum schaffen?, in: ifo Schnelldienst 21/2018, S. 3 ff.

[69] Vgl. dazu die Reform der bayerischen Bauordnung, durch die der Baugenehmigungsprozess künftig beschleunigt werden soll, vgl. *IZ*, Bayerisches Kabinett beschließt die neue Bauordnung, 24.6.2020, abrufbar im WWW unter der URL https://www.immobilien-zeitung.de/1000071797/bayerisches-kabinett-beschliesst-neue-bauordnung (zuletzt abgerufen am 1.7.2020).

[70] *Henger* Wachsende Großstädte: Mehr Bevölkerung verlangt auch mehr Wohnungsbau, in: ifo Schnelldienst 21/2018, S. 23 (24), abrufbar im WWW unter der URL https://www.cesifo.org/DocDL/sd-2018-21-11-8.pdf (zuletzt abgerufen am 1.7.2020).

IV Eigentumsrechtliche Bewertung am Beispiel der Mietpreisregulierung

Angesichts der Vielzahl der Instrumente sowie der divergierenden Komplexität und Klarheit ihrer ökonomischen Bewertung soll im Weiteren eine Fokussierung auf die unmittelbare Mietpreisregulierung erfolgen. Ausgehend von einer kritischen Analyse des Beschlusses des BVerfG zur „Mietpreisbremse" im BGB (1.) soll der Berliner „Mietendeckel" (2.) beleuchtet werden.

1 „Mietpreisbremse" des BGB im Lichte des Beschlusses des Bundesverfassungsgerichts

a) Der Beschluss des Bundesverfassungsgerichts

Das BVerfG hat in seinem Beschluss vom 18. Juli 2019[71] die angegriffenen Kernregelungen der „Mietpreisbremse" im BGB als grundrechtskonform bewertet. Die Regulierung der Miethöhe bei Neuvermietungen nach § 556d Abs. 1 BGB als Herzstück der „Mietpreisbremse" hat das Gericht dabei am Maßstab der Eigentumsfreiheit aus Art. 14 Abs. 1 S. 1 GG sowie der Vertragsfreiheit aus Art. 2 Abs. 1 GG und des allgemeinen Gleichheitssatzes aus Art. 3 Abs. 1 GG geprüft. Hier soll zunächst vor allem die Argumentation zur Verhältnismäßigkeitsprüfung im Rahmen der Anwendung der Eigentumsfreiheit kritisch beleuchtet werden.

b) Die Identifikation des legitimen Ziels

Basierend auf der ständigen und auch überzeugenden Rechtsprechung des BVerfG zur erhöhten Sozialbindung des Wohneigentums und des damit einhergehenden erweiterten Spielraums des Gesetzgebers bei der Schaffung von Inhalts- und Schrankenbestimmungen wirft schon die Analyse des legitimen Ziels Fragen auf. So dekretiert das Gericht: „Der gesetzgeberische Zweck, durch die Begrenzung der Miethöhe bei Wiedervermietung der direkten oder indirekten Verdrängung wirtschaftlich weniger leistungsfähiger Bevölkerungsgruppen aus stark

---

[71] BVerfG, Beschl. v. 18.7.2019 – 1 BvL 1/18, abrufbar im WWW unter der URL http://www.bverfg. de/e/lk20190718_1bvl000118.html – ECLI:DE:BVerfG:2019:lk20190718.1bvl000118 (zuletzt abgerufen am 1.7.2020).

nachgefragten Wohnquartieren entgegenzuwirken, liegt im öffentlichen Interesse."[72] Warum? Ist dies ein Selbstzweck? Ist ein Gebiet mit einem größeren Anteil an zahlungskräftigen Bewohnerinnen und Bewohnern weniger gut als ein solches mit einem geringeren Anteil? Wenn ja, warum? Ist die Wahrung einer diesbezüglich größeren Heterogenität damit ein Selbstzweck oder nur ein Zwischenziel auf dem Weg zum möglicherweise sehr mittelbar damit verknüpften Zweck der Förderung der Kreativität (was eher abwegig erscheint[73]) oder (vielleicht noch plausibler) des sehr mittelbar bekämpften sozialen Abstiegs von Wegzugsgebieten? Und ist nur die Veränderung, so klingt die Aussage, negativ und damit die Bekämpfung der Veränderung im öffentlichen Interesse? Ist also ein bereits etabliertes Viertel für Besserverdiener zu akzeptieren, nicht aber die Änderung eines bislang durchwachsenen Wohnquartiers hin zu einem solchen Viertel? Und wenn ja, warum? Geht es nicht vor allem darum, ein politisch nachvollziehbares „Recht auf Heimat" zu schützen, das sich bei steigenden Mietpreisen einkommensschwächere Haushalte weniger gut sichern können als einkommensstärkere Haushalte, mit den damit allerdings einhergehenden, bereits oben aufgezeigten Schwierigkeiten der Präzisierung (siehe oben II.2.b))?

c) Die Prüfung der Geeignetheit

Bei der Prüfung der Geeignetheit lässt das BVerfG in ständiger Rechtsprechung die Möglichkeit der Zweckerreichung genügen. Hier startet das BVerfG seine Analyse mit einem realistischen Blick auf die begrenzte Wirkkraft der „Mietpreisbremse".[74] Sie dürfte dazu führen, dass die Nachfrage angesichts der gekappten Preise steige und damit weitere Parameter wie die Bonität der potenziellen Mieter bei der Vergabe der Wohnung noch stärker in den Vordergrund rückten und das Ziel eines breiteren Zugangs für weniger zahlungskräftige Mietsuchende gar nicht erreicht werde.[75] Auch dass die Regelung eine Verknappung des Angebots und damit eine weitere Verschärfung der Situation bedinge, sei nicht ausgeschlossen. Diesen naheliegenden negativen Effekten stellt das BVerfG eine große Unsicherheit hinsichtlich des gewünschten positiven Effekts gegenüber: So sei die Möglichkeit, dass einkommensschwächere Nachfrager bei einem Wohnungswechsel

---

72 Ebenda, Rn. 59.
73 Siehe aber den Nachweis in Fn. 49.
74 BVerfG, Beschl. v. 18.7.2019 – 1 BvL 1/18, Rn. 62, abrufbar im WWW unter der URL http://www. bverfg.de/e/lk20190718_1bvl000118.html – ECLI:DE: BVerfG:2019:lk20190718.1bvl000118 (zuletzt abgerufen am 1.7.2020); vgl. auch Rn. 65.
75 Ebenda, Rn. 62 und 64.

in ihrem Wohnquartier aufgrund des niedrigeren Mietniveaus eine neue Bleibe finden, lediglich „nicht auszuschließen".[76]

d) Erforderlichkeitsprüfung

Im Rahmen der Erforderlichkeitsprüfung schärft das Gericht die Anforderungen an alternative Handlungsinstrumente und nicht an das zu prüfende grundrechtsbeeinträchtigende Instrument. Alternativen müssen in ihrer gleichen Wirksamkeit „zweifelsfrei" sein.[77] Der Gesetzgeber müsse hier nicht „die beste Lösung" wählen und ihm sei insoweit ein „Beurteilungs- und Prognosespielraum" zuzubilligen. Diese strengen Maßstäbe sind mit Blick auf die Wahrung des legislativen Gestaltungsspielraums noch nachvollziehbar. Der nächste Argumentationsschritt ist dann aber fraglich: Das BVerfG attestiert zwar die breite Streuwirkung der Regelung, die allen Wohnungssuchenden zugutekommt und erkennt auch die alternativen Instrumente wie „die Förderung des Wohnungsbaus" und die Stärkung der Nachfrager durch die Erhöhung des Wohngelds. Nach unklarem Hinweis auf die „mit diesen Maßnahmen verbundenen Kosten" („Ungeachtet"), sei aber schlichtweg „nicht erkennbar, dass der Gesetzgeber diese im Rahmen seines Prognose- und Beurteilungsspielraums als gegenüber der Miethöhenregulierung mildere und zweifelsfrei – auch kurzfristig – vergleichbar wirksame Mittel hätte heranziehen müssen."[78]

Der Maßstab „nicht erkennbar" ist insoweit unbefriedigend. Unklar ist auch, worauf sich der „Prognose- und Beurteilungsspielraum" genau bezieht. Hinsichtlich der Kosten dürfte es eher Aufgabe des BVerfG sein, die Kostenübernahme grundrechtlich zu bewerten. Einmal das Ziel unterstellt, dass einkommensschwächere Nachfrager leichter Zugang zu bestimmten Wohngegenden erhalten und „Wohnquartiersangehörige" als „Insider" im Falle des Wohnungswechsels leichter im Quartier bleiben können und diese Maßnahme Geld kostet, da sie nur über den Preis einer Kappung der Mietpreise möglich ist, bleibt doch die verfassungsrechtlich zu bewertende Frage: Fällt diese Aufgabe in die Verantwortung des Staates und damit der Allgemeinheit der Steuerzahler oder in die besondere soziale Verantwortung des Eigentümers bzw. muss dieser entsprechende Lasten akzeptieren? Im ersteren Fall sind die Kosten selbstverständlich vom Steuerzahler zu tragen. Im zweiten Fall können sie auf die Eigentümer abgewälzt werden.

---

76 Ebenda, Rn. 64.
77 Ebenda, Rn. 66.
78 Ebenda, Rn. 67.

Das bringt sodann die Zielerreichungsqualität der „Gießkannenmethode" auf den Prüfstand. Das BVerfG räumt selbst ein, dass die gewünschte Wirkung des Zugangs von einkommensschwächeren Bevölkerungsgruppen mit dem Instrument kaum zu erreichen und lediglich „nicht ausgeschlossen"[79] sei. Um die Wirkung auf den Punkt zu bringen: Viele einzelne Neumieter, die das Glück eines Zugriffs auf die marktunüblich niedrigpreisigen Wohnungen haben, werden von der Kappung profitieren. Es ist unbekannt, ob und in welchem Umfang in dieser „faktischen" Adressatengruppe die „normative" Zielgruppe der einkommensschwachen Bevölkerung vertreten sein wird. Ökonomische Untersuchungen deuten darauf hin, dass dieser Anteil eher gering und dass die Zielgruppe eher negativ durch die Maßnahme betroffen sein wird.[80] Es profitiert also weit überwiegend eine nicht schützenswerte Gruppe, während die schützenswerte Gruppe kaum bis gar nicht profitiert oder sogar Nachteile davonträgt. Wenn nun aber gerade diese Gruppe der einkommensschwachen Mieter schutzwürdig ist, warum ist dann nicht eine Maßnahme notwendig und vorzugswürdig, die gerade dieser Gruppe hilft? Dies würde allerdings voraussetzen, dass ein spezifisches Instrument entwickelt und angewandt wird, das gerade einkommensschwachen Bevölkerungsgruppen den Zugang zu jenen Vierteln eröffnet. Etabliert ist insoweit insbesondere eine besondere Zuzahlung (sogenanntes „Wohngeld"), die an einen Einkommensnachweis geknüpft und von der öffentlichen Hand getragen wird. Das macht auch die Zahlungsflüsse transparenter und verschärft die Effizienzdiskussion. Substituieren wir in einem Gedankenexperiment einmal die Maßnahme durch einen expliziten Zahlungsstrom: Jeder, der neu in ein Gebiet mit angespannten Wohnungsmärkten zieht, bekommt eine staatliche Transferzahlung in Form eines Mietenzuschusses. Erstens würde sofort deutlich, dass dies die Nachfrage in angespannten Lagen selbstverständlich verschärft, da durch die Transferzahlung mehr potenzielle Mieter als Nachfrager auftreten. Ließe sich diese Maßnahme aber, die aus der Mietersicht einen ähnlichen Effekt hätte wie die „Mietpreisbremse" und nur die Lasten nicht auf die Vermieter mit Mietobjekten in den betroffenen Gebieten verlagert, sondern auf den Steuerzahler, politisch durchhalten? Wohl kaum. Käme dann noch heraus, dass die Beantragung des Zuschusses so komplex ist, dass er gerade viel seltener von einkommensschwachen als von einkommensstarken Haushalten in Anspruch genommen wird, wäre das Ende der Durchsetzbarkeit der Maßnahme endgültig besiegelt. Da die Kosten

---

79 Ebenda, Rn. 64.

80 *Vandrei* Preisregulierung in der sozialen Wohnungspolitik – die schädliche Wirkung der Mietpreisbremse, in: ifo Schnelldienst 21/2018, S. 18 f., abrufbar im WWW unter der URL https://www.cesifo.org/DocDL/sd-2018-21-11-8.pdf (zuletzt abgerufen am 1.7.2020); *Voigtländer* Luxusgut Wohnen. Warum unsere Städte immer teurer werden und was jetzt zu tun ist, 2017, S. 174 f.

der vorliegenden Umverteilung jedoch auf die Vermieter und nicht auf den Steuerzahler verlagert werden, bleibt ein Aufschrei bei einer derartig ungenauen Steuerungsmaßnahme aus.

Damit steht fest, dass wesentlich geeignetere Maßnahmen vorhanden sind, die zugleich gar nicht in Grundrechte eingreifen. Auch auf der Zeitschiene dürfte eine Modifikation des Wohngeldes dahingehend, dass spezifische Zuschläge für die Verfolgung der genauen Ziele gezahlt werden, namentlich einkommens-schwachen Personen den Zuzug zu begehrten Wohnlagen erschließen, zu be-vorzugen sein. Dies würde nämlich „auch kurzfristig" im Sinne der Rechtspre-chung des BVerfG erfolgen können. Jene Vorgehensweise würde jedoch zugleich verlangen, dass die Ziele klarer benannt und transparenter gemacht würden. Angesichts des besonders geschützten haushaltspolitischen Spielraums des Ge-setzgebers ist es aber dessen Entscheidung, innerhalb des rechtlich Zulässigen besondere Gruppen spezifischen Belastungen zu unterwerfen und nicht den allgemeinen Steuerzahler in die Verantwortung zu nehmen. Relativierend ist wiederum darauf hinzuweisen, dass diese Betrachtung nur auf die unmittelbaren Effekte abstellt. Denn die „Mietpreisbremse", der „Mietendeckel", die Kap-pungsgrenze etc. belasten ebenfalls den Haushalt, da steuerpflichtige Einnahmen beim Vermieter wegfallen, die Subvention des Mieters jedoch steuerfrei ist. Zudem sind die o. a. Maßnahmen marktverzerrend. Vom Wohngeld verspricht man sich dagegen eine zielgerechtere Förderung nur der wirklich Bedürftigen und dies auch nur für die Dauer der Bedürftigkeit.[81] Die angeführten negativen haushal-terischen Effekte von „Mietpreisbremse", „Mietendeckel", Kappungsgrenze etc. sind jedoch einerseits nur mittelbar und betreffen andererseits teilweise auch gebietsfremde Haushalte, wenn etwa der Vermieter einer Wohnung in Berlin in Regensburg lebt und dort die verringerten Steuereinnahmen entstehen. So erklärt sich auch in haushalterischer Sicht die politische Popularität entsprechender Maßnahmen, da die Nutznießer lokale Mieter und damit grundsätzlich Wähler sind, während die Belasteten teils gebietsfremde Vermieter, Zuzugswillige etc. sind. Gleichwohl kann unter dem Blickwinkel der Schonung der gebietseigenen öffentlichen Haushalte vor unmittelbaren Belastungen, wenn dies ein weiteres zentrales Motiv der Instrumentenwahl sein sollte, die Maßnahme der Modifika-tion des Wohngeldes nicht als gleich geeignet angesehen werden. Dann könnte die Erforderlichkeit der „Mietpreisbremse" als Maßnahme trotz ihrer geringen

---

81 Siehe dazu sehr ausführlich *BBSR*, bearbeitet von Voigtländer/Clamor/Henger/Niehues, Be-standsaufnahme und Wirkungsanalyse des Wohngeldes, 2015, abrufbar im WWW unter der URL https://www.bbsr.bund.de/BBSR/DE/veroeffentlichungen/sonderveroeffentlichungen/2015/DL_Wohngeld.pdf?__blob=publicationFile&v=1 (zuletzt abgerufen am 1.7.2020).

Zielerreichung bejaht werden. Die angeführten Argumente sind jedoch im Rahmen der Abwägung von Bedeutung.

e) Die Zumutbarkeitskontrolle

Die anschließende Prüfung der Verhältnismäßigkeit im engeren Sinne durch das BVerfG wirft die Frage auf, ob der Kontrollansatz nicht zu kurz greift: So wird die Schwere des Eingriffs abgewogen gegen das Gewicht und die Dringlichkeit der Rechtfertigungsgründe, ohne dass in die Abwägung einbezogen wird, wie groß der Beitrag des Instruments zur Zielerreichung ist.[82] Auch die Zielbenennung wird hier nicht präzisiert („Aber auch in nachgefragten Stadtvierteln sind große Teile der Bevölkerung auf Mietwohnungen unausweichlich angewiesen."; „gesellschaftspolitische Interesse an einer durchmischten Wohnbevölkerung in innerstädtischen Stadtvierteln"; „Verhinderung der Gentrifizierung"[83]). Wie hinderlich diese Unklarheit ist, wird in der Entscheidung auch daran deutlich, dass diese Zieldefinition in offensichtlichem Widerspruch zu der Argumentation des BVerfG steht, die zur Rechtfertigung der Berliner Mietenbegrenzungsverordnung angeführt wird. Denn hier wird der Argumentation des Berliner Senats gefolgt, dass eine Verordnung für das gesamte Berliner Stadtgebiet gerechtfertigt sei, da wegen der „polyzentrischen Ausrichtung" Berlins dieser „ein einheitlicher Wohnungsmarkt sei, der sich territorial nicht weiter aufspalten lasse".[84] Würde dies zutreffen, unterläge ganz Berlin einem Gentrifizierungsprozess. Damit geht es gleichsam gar nicht mehr um den Ausgleich zwischen nachgefragten und nicht nachgefragten Stadtteilen Berlins, sondern um jeglichen Zuzug zum Berliner Stadtgebiet als Gentrifizierungsproblem.

Fest stehe jedenfalls, dass kein schutzwürdiges Interesse des Vermieters auf „höchstmögliche Mieteinkünfte"[85] besteht. Als Grenzen führt das BVerfG stattdessen im Anschluss an seine bisherige Rechtsprechung „den dauernden Verlust für den Vermieter" und die „Substanzgefährdung der Mietsache"[86] an, die allerdings vorliegend „nicht ersichtlich"[87] seien. Sodann erfolgt wiederum der Verweis

---

82 BVerfG, Beschl. v. 18.7.2019 – 1 BvL 1/18, Rn. 68 abrufbar im WWW unter der URL http://www.bverfg.de/e/lk20190718_1bvl000118.html – ECLI:DE:BVerfG:2019:lk20190718.1bvl000118 (zuletzt abgerufen am 1.7.2020).
83 Ebenda, Rn. 71 bzw. 72.
84 Ebenda, Rn. 116.
85 Ebenda, Rn. 76; 88.
86 Ebenda, Rn. 69; 88.
87 Ebenda, Rn. 89.

auf den „weiten Gestaltungsspielraum" des Gesetzgebers, ohne dass hier klarer würde, hinsichtlich welcher Parameter dieser greift.[88]

Im Übrigen verweist das BVerfG auf die verfahrensrechtlichen Anforderungen, die eine sorgfältige Prüfung vor Erlass einer Verordnung im jeweiligen Bundesland verlangen. Insoweit liegt dieses Anforderungsprofil durchaus auf der Linie der bisherigen zivilgerichtlichen Rechtsprechung, die erhöhte Anforderungen an die individualisierte Begründung für den Erlass der Verordnungen stellt.[89]

Die weiteren Ausführungen zu den abmildernden Effekten sind aus der Perspektive des einzelnen Grundrechtsträgers wenig überzeugend. Der beschränkte räumliche Anwendungsbereich der Verordnung wird diejenigen Eigentümer wenig trösten, deren ausschließliches Wohnungseigentum in diese Gebiete fällt. Sodann leidet die Prüfung daran, dass für die Gegengewichte auf das abstrakte Gewicht der Rechtfertigungsgründe abgestellt wird, nicht jedoch auf das Produkt aus der Gewichtigkeit jener Gründe und den durch die Maßnahme bei der Zielverfolgung tatsächlich bzw. vermutlich erreichten Effekten.

Zielführender sind dann schon die weiteren Überlegungen, die darauf abstellen, inwiefern sich die Miete „von der am unregulierten Markt erzielbaren Miete" durch die Regulierungsmaßnahme „entkoppelt".[90] Hier räumt das BVerfG durch die „Mietpreisbremse" einen weiteren Schub der Entkoppelung ein, sieht diesen aber durch den zeitlichen Verzug, die Möglichkeit eines 10 %igen Aufschlags, den begrenzten Anwendungsbereich auf ältere Bestandsbauten (älter als 1. Oktober 2014) sowie die fünfjährige Befristung als hinreichend abgemildert an.[91] Damit können als verfassungsrechtliche Grenzen für weiter gehende Regulierungsinstrumente ausgemacht werden: fehlende Aufschläge bzw. solche, die nicht wenigstens die Inflation bzw. Kostensteigerungen kompensieren[92], die überzogene Ausdehnung der regulierten Mieten sowie die Entfristung bzw. die zu lange Anwendungsdauer.[93]

---

88 Ebenda, Rn. 74.
89 Vgl. dazu *Kühling/Drechsler* Anm. zu AG München, Urt. v. 21.6.2017–414 C 26570/16: Nichtigkeit der bayerischen Mieterschutzverordnung – sogenannten Mietpreisbremse, ZfIR 2017, 619; siehe ferner die Nachweise in Fn. 20.
90 BVerfG, Beschl. v. 18.7.2019–1 BvL 1/18, Rn. 83, abrufbar im WWW unter der URL http://www.bverfg.de/e/lk20190718_1bvl000118.html – ECLI:DE:BVerfG:2019:lk20190718.1bvl000118 (zuletzt abgerufen am 1.7.2020).
91 Ebenda, Rn. 85–87.
92 Siehe dazu auch ebenda, Rn. 89.
93 Siehe dazu auch unter Gleichheitsgesichtspunkten ebenda, Rn. 101. Das BVerfG hat offengelassen, ob eine Verlängerung der „Mietpreisbremse" um weitere fünf auf einen Zeitraum von dann zehn Jahren, wie jüngst vom Bundestag beschlossen, bereits zu einer verfassungswidrigen Unzumutbarkeit der Regelung führt.

f) Zwischenfazit

Zwar zieht das BVerfG damit jedenfalls grob erkennbare, eigentumsrechtlich fundierte rote Linien für den Ausbau der Mietenregulierung: Diese werden allgemein tendenziell dann überschritten, wenn die regulatorischen Eingriffe eine allzu starke Abkoppelung vom freien Mietenmarkt generieren bzw. wenn die Abkoppelungsinstrumente allzu langandauernd eingesetzt werden. Individuell treten als Grenzen dauernde Verluste für Vermieter und Substanzgefährdungen des Mietobjekts hinzu.

Gleichwohl ist hinsichtlich der Argumentation kritisch zu hinterfragen, warum aus Sicht des BVerfG die geringe Zielerreichungskraft des Instruments im Rahmen der Abwägung offensichtlich keine Rolle spielt. Das kann unter dem Gesichtspunkt der sozialen Bindung des Eigentums im Ergebnis nicht überzeugen: So sind die Eigentümer umso weniger in die Pflicht zu nehmen, je schwächer der Zielerreichungsbeitrag eines Instrumentes ist. Plastisch ausgedrückt: Ein eingriffsintensives, kaum wirksames Instrument lässt sich nicht rechtfertigen, ein wirksames hingegen schon eher. Sodann wird auch deutlich, worin der Spielraum des Gesetzgebers liegt. Dieser hat einen Prognosespielraum, je unklarer die Wirkungszusammenhänge sind. Wenn also umstritten ist, ob die Maßnahme die gewünschten Effekte erzielt, obliegt es dem Gesetzgeber, bei Unsicherheit eine Entscheidung zu treffen. Ebenso kommt dem Gesetzgeber ein Gewichtungsspielraum hinsichtlich der Bedeutung der zu erreichenden Ziele zu. Wenn aber – wie vorliegend – auf der Hand liegt, dass die Maßnahme das Ziel, einkommensschwachen Personen den Zugang zu angespannten Wohnungsmärkten zu erleichtern, nur schwach bis gar nicht, jedenfalls aber nur höchst zufällig erreicht, kann es eine scharfe Eingriffswirkung in die Eigentumsfreiheit nicht rechtfertigen. Die Eingriffsintensität ist bei den verschiedenen Eigentümern zwar höchst heterogen. Sie kann jedoch in Einzelfällen besonders scharf sein. Das ist etwa der Fall, wenn ein Objekt zu einem hohen Kaufpreis bei einer hohen Beleihung kurz vor Wirksamwerden der Maßnahme erworben wurde, um aus den Einnahmen abzüglich der Kosten den eigenen Lebensunterhalt zu bestreiten.

Insoweit ist auch der überzeugende Hinweis, dass ein „Vertrauen, mit der Wohnung höchstmögliche Mieteinkünfte"[94] zu generieren, nicht geschützt sei, nur ein erster Fingerzeig. Denn es bleibt die Frage, wie es mit dem Vertrauen aussieht, überhaupt auskömmliche Einkünfte zu erzielen.

---

94 AaO, Rn. 76; 88.

2 „Mietendeckel" in Berlin im Lichte der bisherigen Ausführungen

a) Wirkungen bezogen auf die eigentumsrechtlichen Schranken im Überblick

Vergleicht man die Berliner Regelung mit der „Mietpreisbremse" im BGB, so fällt zunächst hinsichtlich der Entkoppelungseffekte vom unregulierten Mietenmarkt auf, dass der unregulierte Mietenmarkt durch die Berliner Regelung insgesamt deutlich reduziert wird. Unreguliert sind künftig nur noch die Mieten für Gebäude, die nach dem Stichtag 2014 errichtet worden sind. Der Entkoppelungseffekt hinsichtlich des Anwendungsbereichs ratione materiae steigt also stark: Nunmehr werden alle Bestandsmieten und alle Neuvermietungen bezogen auf alle vor dem Jahr 2014 errichteten Gebäude erfasst, was einem Anteil von deutlich mehr als 90 % der Wohnungen entsprechen dürfte.[95] Die noch in der „Mietpreisbremse" auf Bundesebene vorgesehenen weiteren Ausnahmen, insbesondere für hohe Vormieten, entfallen. Vor allem ist aber die materielle Entkoppelungswirkung (und damit auch die materielle Eingriffswirkung) massiv verschärft: Es erfolgt zum einen ein totaler Mietenstopp. Der „Sicherheits"-Zuschlag von 20 % greift nur für überhöhte Bestandsverträge. Selbst der Kostenanpassungs- und Inflationsausgleich wird gekappt auf höchstens 1,3 %. Die deutlichste Entkoppelungwirkung setzt jedoch dadurch ein, dass als Vergleichsmaßstab bei Neuvermietungen nicht mehr auf Vergleichsmieten abgestellt wird und damit keine Rückkoppelung an Marktmieten mehr erfolgt. Vielmehr wird eine statische Mietentabelle als Vergleichsmaßstab herangezogen, die preisrelevante Aspekte wie die Größenklasse der Wohnung, vor allem aber deren Lage nicht hinreichend abbildet. Damit wird letztlich ein Preis festgesetzt, der nur bedingt mit dem Marktpreis korreliert und diesem teils nahekommt, teilweise aber auch deutlich von ihm entfernt liegt, nämlich vor allem für Luxuswohnungen in besonders begehrten Lagen. Damit tritt auch der – sicherlich nicht erwünschte – Effekt ein, dass die Begünsti-

---

95 Im Jahr 2019 wurden bei 42.235.402 bestehenden Wohnungen 293.002 fertiggestellt, was einer Errichtungsquote von ca. 1 % entspricht, so dass lediglich der Wohnungsbestand der letzten fünf Jahre und damit von etwas mehr als 5 % von der Regulierung ausgenommen wird; vgl. die Daten aus *Destatis* Gebäude und Wohnungen, 2019, S. 7, abrufbar im WWW unter der URL https://www. destatis.de/DE/Themen/Gesellschaft-Umwelt/Wohnen/Publikationen/Downloads-Wohnen/fort schreibung-wohnungsbestand-pdf-5312301.pdf?__blob=publicationFile. *Destatis* Bauen und Wohnen, 2019, Tab. 4.5, abrufbar im WWW unter der URL https://www.destatis.de/DE/Themen/ Branchen-Unternehmen/Bauen/Publikationen/Downloads-Bautaetigkeit/baugenehmigungen-baufertigstellungen-pdf-5311101.pdf?__blob=publicationFile (jeweils zuletzt abgerufen am 20.9. 2020).

gungswirkung des „Mietendeckels" am oberen Ende der Mietpreise und damit tendenziell für einkommensstarke Mieter besonders groß ist. Ein dritter Entkoppelungseffekt tritt sodann ratione temporis ein: Die Dauer der „Mietpreisbremse" im BGB von fünf Jahren ist bereits abgelaufen, wurde verlängert und wird mit der verschärften Regelung auf Landesebene nochmals um fünf Jahre ergänzt. Sie erstreckt sich damit auf zehn Jahre, was einem erheblichen Anteil an der Investitionslaufzeit für Wohnimmobilien entspricht. Die insgesamt eintretende Entkoppelungswirkung gegenüber den Marktmieten ist damit extrem verschärft.

Auch die individuellen Härten werden dadurch deutlich stärker zu Tage treten und in viel mehr Fällen dauernde Verluste für Vermieter und Substanzgefährdungen des Mietobjekts bedingen. Allerdings greift eine Härtefallklausel, die zu einem zentralen Vehikel zur Herstellung verfassungskonformer Zustände mutiert.

b) Bewertung der Regelungen mit Blick auf die eigentumsrechtlichen Schranken im Detail

Was bedeutet dies nun für die Bewertung der einzelnen Regelungsgehalte und der Gesamtregelung unter Verhältnismäßigkeitsgesichtspunkten?

Mit Blick auf die Bestandsmieten geht es um den Mieterhöhungsstopp und die Mietenabsenkung. Ersteres ist instrumentell vergleichbar mit der Kappungsgrenze, bloß dass die Mieterhöhung nicht auf 15 % in drei Jahren und damit auf 5 % p.a., sondern auf 0 % bis 2021 und anschließend auf maximal 1,3 % p.a. gekappt wird. Da diese Regelung vollkommen unabhängig von den vorangegangenen Mieterhöhungen ist und sogar von der Inflation und Kostensteigerung entkoppelt wird, liegt keinerlei Marktversagensgrund vor. Der Mieter wird nicht vor einem opportunistischen Verhalten des Vermieters geschützt. Dies wird besonders deutlich am Umstand, dass auch Staffel- und Indexmieten erfasst werden. Es handelt sich also um eine rein verteilungspolitische Maßnahme, die allenfalls mit dem schwachen Argument der Internalisierung externer Effekte begründet werden kann. Die Maßnahme wird es zweifellos den Bestandsbewohnern erleichtern, in ihren Wohnungen zu bleiben. Das verteilungspolitische Ziel, dass Eigentümer von Wohnungen in begehrten Wohnlagen Mieter in begehrten Wohnlagen subventionieren, wird also erreicht. Aber dies erfolgt vollkommen unabhängig von etwaigen Bedürfnislagen. Um einen besonders plastischen Fall der abstrusen Verteilungseffekte aufzuzeigen: Im schlimmsten Fall wird der reiche Mieter einer Zweitwohnung in der begehrten Wohnlage subventioniert durch den einkommensschwachen Selbständigen im Rentenalter, der sich dort eine Wohnung gekauft hat, um die Mieteinnahmen als wesentlichen Baustein seiner Altersvorsorge einzusetzen. Die Härtefallklausel hilft dem Vermieter in diesem Beispiel nur sehr begrenzt und auch abhängig davon, wie sie angewandt wird.

Nicht hinreichend geklärt ist etwa, was genau unter dem Erfordernis des § 8 Abs. 2 S. 1 MietenWoG Bln zu verstehen ist, dass die Miethöhe „auf Dauer zu Verlusten für die Vermieterinnen und Vermieter" führt. Damit werden sicherlich zutreffend eindeutig verfassungswidrige Sachverhaltskonstellationen erfasst. Schon diese werden aber dadurch relativiert, dass der Vermieter nur solche Gründe anführen kann, die nach § 8 Abs. 1 S. 2 MietenWoG Bln nicht in seinem Verantwortungsbereich liegen. Was damit gemeint ist, wird auch in der letzten Ergänzung im Gesetzgebungsverfahren nicht hinreichend erläutert. In der ursprünglichen Gesetzesbegründung wurde lediglich darauf hingewiesen, dass „vermieterseitig vermeidbare Umstände ausgeschlossen [sind]"[96]. Nunmehr spricht das Gesetz ganz allgemein von Renditeerwartungen, die vermeidbar seien, ohne dass damit klar wird, ob damit auch moderate Renditeerwartungen zur Finanzierung etwa der Altersvorsorge gemeint sind. Genauso unklar bleibt der Ausschluss von „Finanzierungskosten außerhalb des Marktüblichen". Sind damit etwa zu hohe Ausgangsbeleihungen gemeint, die der Vermieter bei einer „solideren Finanzierung" hätte vermeiden können? Wenn ja, wann liegen diese vor? Zwar wurde insoweit in § 8 Abs. 2 S. 2 MietenWoG Bln ergänzt, dass ein Verlust anzunehmen ist, „wenn die laufenden Aufwendungen die Erträge für die maßgebliche Wirtschaftseinheit übersteigen". Können damit, was zu vermuten ist, aber unklar bleibt, die Kapitalkosten vollumfänglich, also einschließlich der fixierten Tilgung, geltend gemacht werden? Oder kann bzw. muss hier die Genehmigungsbehörde wiederum eine marktunüblich hohe Tilgung, wann auch immer diese vorliegt, nach § 8 Abs. 1 S. 2 MietenWoG Bln als im Verantwortungsbereich des Vermieters liegend annehmen und daher einen Härtefall verneinen?

Völlig unabhängig davon wird aber jedenfalls die Absicht zur Erzielung von Erträgen und damit die Versorgungsabsicht schon dem Wortlaut des Gesetzes nach nicht als Härtefall anerkannt. Stattdessen wird lediglich in der Gesetzesbegründung auf die entsprechende Notwendigkeit verwiesen, dass die gesetzliche Regelung nicht dem Vermieter die Möglichkeit verwehren darf, durch die Vermietung „den Ertrag zu ziehen, der zur finanziellen Grundlage für die eigene

---

96 *Abgeordnetenhaus Berlin*, Vorlage zur Beschlussfassung vom 28.11.2019, Gesetz zur Neuregelung gesetzlicher Vorschriften zur Mietenbegrenzung, AGH-Drs. 18/2347, S. 35; inzwischen ist auf Basis des § 8 Abs. 3 MietenWoG Bln die Verordnung zur Regelung der für einen Härtefall maßgeblichen Kriterien nach dem Gesetz zur Mietenbegrenzung im Wohnungswesen in Berlin (Härtefallverordnung – HärteVO) vom 5. Juni 2020, GVBl. Berlin, S. 522, erlassen worden.

Lebensgestaltung beiträgt"[97]. Wenn die Anerkennung eines entsprechenden Härtefalls sicher gewollt ist, wäre aber die Regelung im Gesetz selbst erforderlich. Hier wäre es nun gut zu wissen, in welchem Umfang Renditeziele nach Auffassung des BVerfG von der Eigentumsfreiheit geschützt sind und welcher Rechtfertigungsgründe in welcher Gewichtigkeit es bedarf, um diese Chancen regulatorisch zu unterdrücken.

Auch unter Vertrauensschutzgesichtspunkten ist darauf hinzuweisen, dass die gesamte Wohnungspolitik der Nachkriegsgeschichte Deutschlands und auch der Zeit nach der Wiedervereinigung von einem Interessenausgleich zwischen Vermieter und Mieter geprägt ist. Dieser Ansatz wird durch die Berliner Regelung gesprengt, da nunmehr einseitig zulasten der Vermieter eine Lösung gewählt wird. Sollte gemessen an Art. 14 GG eine Regulierung zulässig sein, die eine Gewinnerzielungsabsicht mit Immobilien faktisch ausschließen darf, ist ein Wohneigentum als Kapitalanlage betriebswirtschaftlich nicht mehr vernünftig. Die Eingriffswirkung ist dann extrem scharf. Faktisch läuft die Regelung für eine Vielzahl von Fällen aber darauf hinaus. Dasselbe gilt für die entsprechende Regelung von Neuvermietungen. Dort entfällt sogar der 20%ige Zuschlag, der für Bestandsvermietungen noch greift. Der Vertrauensschutz auf die langfristige Rentabilität einer Kapitalanlage in Wohnimmobilien im Sinne einer auskömmlichen, keineswegs maximalen Rendite wird daher auch deutlich stärker beeinträchtigt: Es hängt letztlich vom Zufall ab, ob man einen Mieterwechsel mit dem Verlust des 20%igen Zuschlags hat oder nicht. Da im Unterschied zur Regelung im Bundesgesetz auch kein Schutz höherer Vorvermietungen greift, ist der Vertrauensschutz nochmals stark reduziert.

Da die Regelung insgesamt vollkommen unabhängig von der Einkommenssituation des Mieters greift, sind die Effekte hinsichtlich des verfolgten Zweckes des Schutzes einkommensschwacher Haushalte und der Steigerung deren Verbleib- und Zuzugsperspektiven extrem unsicher. Bei Bestandsmieten ist der Streu- und damit auch der „Mitnahme"-Effekt extrem groß. D. h., es werden auch sehr viele Mieter einen Vorteil erlangen, die auch bei stärkeren Mietsteigerungen noch im Viertel wohnen bleiben würden. Gewiss werden aber auch einkommensschwache Haushalte davon profitieren und gegebenenfalls auch solche, die andernfalls ihr Mietobjekt wechseln müssten. Bei Neuvermietungen dürfte dieser gewünschte Effekt noch deutlich geringer sein, da die Regelung faktisch eher einkommensschwache Haushalte bei der Wohnungssuche benachteiligen dürfte.

---

97 AaO, S. 35 unter Hinweis auf BVerfG, Beschl. v. 18.7.2019 – 1 BvL 1/18, Rn. 53, abrufbar im WWW unter der URL http://www.bverfg.de/e/lk20190718_1bvl000118.html – ECLI:DE:BVerfG:2019: lk20190718.1bvl000118 (zuletzt abgerufen am 1.7.2020).

Damit liegt durch die Bündelungswirkung der verschiedenen Vorgaben ein extrem scharfer Eingriff vor. Der Anteil unregulierter Mietverhältnisse schrumpft deutlich. Schon dies führt zu einer starken Entkoppelung vom unregulierten Mietenmarkt. Im Ergebnis kann damit schon bei einer Anwendungsdauer von nur fünf Jahren, die ja in Fortsetzung der bereits erfolgten fünfjährigen Wirkung der „Mietpreisbremse" für einzelne Objekte greift, in zahlreichen Fällen eine Gewinnerzielungsmöglichkeit mit Mietwohnungen ausgeschlossen werden. Die Belastungswirkungen werden dabei extrem heterogen sein, je nachdem, zu welchem Zeitpunkt das Objekt mit welcher Finanzierung zu welchem Preis gekauft worden ist. Angesichts der langandauernden, mindestens zehnjährigen Gesamtwirkung der Berliner Regelung und der verschärften Abkoppelung vom freien Mietenmarkt (und den Vergleichsmieten) sind selbst die vom BVerfG weit gezogenen roten Linien im Rahmen der Verhältnismäßigkeitsprüfung überschritten. Das gilt im Rahmen der Abwägung erst recht dann, wenn die Steuerungswirkung zur Zielerreichung in die Abwägung einbezogen wird. Diese ist für Bestandsmieten mit großen Streueffekten verbunden und für Neuvermietungen eher negativ. Ferner kommen die weiteren negativen Effekte für die Wohnungssuchenden hinzu, die aufgrund der negativen Investitionsanreize auf ein verknapptes Angebot stoßen werden. Schließlich werden in einer Reihe von Fällen auch noch zusätzliche summarische Belastungseffekte der Eigentümer durch andere Regulierungsinstrumente hinzukommen. Das gilt insbesondere im Fall von Verkaufsbeschränkungen im Rahmen einer denkbaren Umwandlung der Wohnung von einer fremd- in eine selbstgenutzte Wohnung.[98]

---

98 Gemäß § 172 Abs. 1 S. 4 BauGB werden die Landesregierungen zum Erlass einer Verordnung ermächtigt, die eine Begründung von Wohnungseigentum an Gebäuden in Milieuschutzgebieten unter Genehmigungsvorbehalt stellt; vgl. dazu *Stock* in: Ernst/Zinkahn/Bielenberg/Krautzberger (Hrsg.), BauGB Kommentar, § 172 Rn. 115, 126. Ergänzungslieferung (Stand: August 2017).

V Ergänzende Hinweise zu gleichheitsrechtlichen Schranken als paralleler Gerechtigkeitsdiskurs

1 Rudimentäre Hinweise im Beschluss des Bundesverfassungsgerichts zur „Mietpreisbremse" des BGB als Ausgangspunkt der Verschärfung in der Berliner Regelung

Der Gleichheitssatz thematisiert neben der in der Eigentumsfreiheitsdiskussion besonders wichtigen Frage der Zweckmäßigkeit entsprechender Eingriffe in besonderem Maße Gerechtigkeitsfragen, da er zusätzlich danach fragt, ob ein Eingriff zu gleichheitsgerechten Ergebnissen führt, auch wenn letztlich nur bestimmte, grob gleichheitswidrige Ergebnisse verfassungswidrig sind.

In rechtlicher Hinsicht verlangt der Gleichheitssatz grundsätzlich, wesentlich Gleiches gleich und wesentlich Ungleiches ungleich zu behandeln.[99] Auf diese Weise sind ungleiche Belastungen und ungleiche Begünstigungen zu vermeiden.[100] Dabei greift mit Blick auf die scharfe Eingriffswirkung in die Eigentumsgarantie der Vermieter die strenge Verhältnismäßigkeitsprüfung, wie das BVerfG auch in dem insoweit parallelen Fall der „Mietpreisbremse" festgestellt hat.[101] Allerdings hat das Gericht in der damaligen Gleichheitsprüfung ebenso wenig einen Verstoß gegen Art. 3 Abs. 1 GG feststellen können wie gegen die Eigentumsfreiheit aus Art. 14 GG. Allerdings ging es in dem Verfahren auch vor allem um die Zulässigkeit einer Privilegierung von überhöhten Vormieten, die das BVerfG unter Vertrauensschutzgesichtspunkten als gerechtfertigte Ungleichbehandlung angesehen hat.

Die Berliner Regelung verschärft den Gerechtigkeitsdiskurs massiv und führt zu einer Reihe von Ungleichbehandlungen, deren verfassungsrechtliche Rechtfertigung nicht ersichtlich ist. So führen die §§ 3 – 7 MietenWoG Bln zu einer Vielzahl von Gleichbehandlungen wesentlich ungleicher und Ungleichbehandlungen wesentlich gleicher Sachverhalte. Herausgegriffen seien insoweit die besonders problematische Ungleichbehandlung beim Ausschluss von „Neubauten nach 2014" vom „Mietendeckel" (dazu 2.), die Gleichbehandlung von unter-

---

99 BVerfGE 121, 317, Rn. 150 – juris.
100 BVerfGE 138, 136, Rn. 121 – juris.
101 BVerfG, Beschl. v. 18.7.2019 – 1 BvL 1/18, Rn. 95, abrufbar im WWW unter der URL http://www.bverfg.de/e/lk20190718_1bvl000118.html – ECLI:DE:BVerfG:2019:lk20190718.1bvl000118 (zuletzt abgerufen am 1.7.2020).

schiedlichen Wohnungen in den §§ 3 – 6 MietenWoG Bln (dazu 3.) sowie die Gleichbehandlung von hohen und niedrigen Vormieten beim Mietenstopp (dazu 4.).

2 Ungleichbehandlung beim Ausschluss von „Neubauten nach 2014" vom „Mietendeckel"

Zum einen behandelt die Berliner Regelung wesentlich Gleiches in verfassungswidriger Weise ungleich. Das wird besonders deutlich mit Blick auf die Ungleichbehandlung des nach dem 1. Januar 2014 erstmals bezugsfertigen Wohnraums, der von der Regelung ausgenommen wird. Derartige Mietobjekte sind weder von der Mietobergrenze noch vom Mieterhöhungsstopp noch von der harschen Mietenabsenkung erfasst.

Das BVerfG erlaubt eine entsprechende Stichtagsregelung in seiner Entscheidung zur „Mietpreisbremse", wenn diese „überhaupt notwendig und die Wahl des Zeitpunkts orientiert am gegebenen Sachverhalt vertretbar ist"[102]. Mit der Begründung des BVerfG lässt sich ein Stichtag damit rechtfertigen, dass eine Verringerung der Neubautätigkeit vermieden werden soll. Dies lässt sich grundsätzlich auch auf die Berliner Regelung übertragen. Die Wahl des Stichtags ist hier jedoch nicht vertretbar. Die Berliner Regelung orientiert sich am Stichtag der Bundesregelung zur „Mietpreisbremse". Im Fall der Bundesregelung war dieser Zeitpunkt auch nachvollziehbar gewählt, da er auf den Tag der Veröffentlichung des Regierungsentwurfs zur damaligen Mietrechtsnovelle abstellte und Zurückhaltungseffekte von Investitionen und Vermietungen bis zum Abschluss des Gesetzgebungsverfahrens vermeiden sollte, die zu einem unerwünschten Verknappungseffekt beim bereitgestellten Wohnraum geführt hätten. Es ist jedoch nicht ersichtlich, warum dieser inzwischen weit in der Vergangenheit liegende Zeitpunkt auch für die Berliner Regelung relevant sein sollte.

Dies wäre nur der Fall, wenn die Bundesregelung einer „Mietpreisbremse" einen besonderen Vertrauensschutz im Vergleich zu anderen Wohnungen für etwaige künftige weitere Interventionen in die Mieterhöhungsmöglichkeiten begründen würde. Das mag für die Mietobergrenzenregulierung mit dem Argument gelten, dass die betreffenden Wohnungen von der auf die Vergleichsmiete rekurrierenden und auf die Neuvermietung abstellenden „Mietpreisbremse" und damit von einer Regulierung der Mietausgangshöhe bei Neuvermietungen ausgenommen sind. Dafür, dass der Käufer einer Wohnung, die nach dem Stichtag

---

102 Ebenda, Rn. 105.

bezugsfertig wurde, bei seinem Kauf und seiner Finanzierung eher darauf vertrauen darf, dass kein Mietenstopp für Bestandsmieten greift, während ein Käufer
einer Wohnung, die vor dem Stichtag bezugsfertig wurde, keinen vergleichbaren
Vertrauensschutz genießt, gibt es jedoch keinen Sachgrund.

Damit liegt jedenfalls hinsichtlich des Mietenstopps nach § 3 Abs. 1 Mieten-
WoG Bln eine ungleiche Regelung wesentlich gleicher Sachverhalte vor, für die
kein Sachgrund ersichtlich ist. Daher ist die Verhältnismäßigkeit zu verneinen
und § 3 Abs. 1 MietenWoG Bln verstößt gegen Art. 3 Abs. 1 GG.

3 Verfassungswidrige Gleichbehandlung von unterschiedlichen Wohnungen in den §§ 3–6 MietenWoG Bln

Ebenfalls besonders gravierend ist die wesentliche Gleichbehandlung von unterschiedlichen Wohnungen bei der Mietobergrenzenregulierung und der Kappung gemäß den §§ 3–6 MietenWoG Bln. Hier zeigt sich auch besonders deutlich
das Abweichen vom bisherigen Vergleichsmietenkonzept, das gemäß der Defi-
nition der ortsüblichen Vergleichsmiete auf die vier verpflichtend zu berück-
sichtigenden wohnwertrelevanten Merkmale gemäß § 558 Abs. 2 BGB wie folgt
verweist: „Wohnraum vergleichbarer Art, Größe, Ausstattung, Beschaffenheit und
Lage".

a) Ausblendung zentraler Wohnungsmerkmale, insbesondere Lage und Ausstattung

So findet die Wohnlage lediglich im Fall der Kappung nach § 5 Abs. 1 S. 2 und S. 3
MietenWoG Bln überhaupt Beachtung und das auch nur im Umfang von maximal
1,02 € pro Quadratmeter. Es greift ein Aufschlag bei guten Wohnlagen um 0,74 €
und ein Abschlag von maximal 0,28 € bei einfachen Wohnlagen. Diese Spreizung
ist jedoch viel zu gering, um die tatsächlichen Wertunterschiede verschiedener
Wohnlagen abzubilden. So sind die tatsächlichen Preisgrenzen nach dem Berliner
Mietspiegel von 2019 viel heterogener und vor allem teilweise auch wesentlich
größer: So liegt beispielsweise nach dem Berliner Mietspiegel von 2019 der Preis
pro Quadratmeter bei Altbauwohnungen unter 40 Quadratmetern und einem
Baujahr bis 1918 sowie einer Ausstattung mit Sammelheizung und mit Bad bei
11,44 € in guten Wohnlagen und bei nur 7,90 € in einfachen Wohnlagen. Das
entspricht einer Preisdifferenz von 3,54 € statt 1,02 € pro Quadratmeter. Bei
Wohnungen aus den Baujahren 1965 bis 1972 und denselben Ausstattungsmerk-

malen beträgt die Preisspanne von 5,47 € für einfache Lagen und 8,30 € für gute Lagen mit 2,83 € ebenfalls deutlich mehr als 1,02 € pro Quadratmeter.[103]

b) Ausblendung der Größenklasse der Wohnung

Noch gravierender ist der Umstand, dass die Größenklasse der Wohnung keinerlei Rolle spielt, obwohl diese nach dem Berliner Mietspiegel von 2019 teils von erheblicher Bedeutung ist. So liegt nach dem Berliner Mietspiegel von 2019 der Preis pro Quadratmeter bei Altbauten bis 1918 mit Sammelheizung und mit Bad in guten Lagen bei einer Größe unter 40 Quadratmetern bei 11,44 € und bei Großwohnungen jenseits der 90 Quadratmeter bei nur 7,33 €, was einem Preisunterschied von mehr als 50 % entspricht. Bei Wohnungen aus den Baujahren 1965 bis 1972 und den gleichen Ausstattungsmerkmalen beträgt die Preisspanne bei einer Größe unter 40 Quadratmetern mit 8,90 € pro Quadratmeter und bei mittleren Größen zwischen 60 und 90 Quadratmetern mit nur 6,65 € pro Quadratmeter mehr als 30 %.[104]

c) Verfassungswidrige Gleichbehandlung aufgrund der unzureichenden Berücksichtigung der Lage

Letztlich führt die Ausblendung dieser wesentlichen wertbildenden Faktoren dazu, dass die Belastungswirkung für die Vermieter willkürlich heterogen ist, je nachdem, ob die nicht berücksichtigten, aber relevanten Parameter bei dem Mietobjekt zu einer höheren Miete im Falle einer Orientierung am Mietenspiegel 2019 führen würden oder nicht. Für das Ausblenden des Kriteriums der Lage wird darauf abgestellt, dass Rechtssicherheit geschaffen und der Verdrängung in begehrten Wohnlagen entgegengewirkt werden soll.[105] Das Rechtssicherheitsargument vermag nicht zu überzeugen, da mit dem qualifizierten Mietspiegel eine belastbare Grundlage für eine Wohnlagenzuordnung vorliegt. Außerdem berücksichtigt der Gesetzgeber ja selbst Wohnlagen sehr wohl, wie § 5 Abs. 1 S. 2 und 3 MietenWoG Bln zeigen, nur eben nicht hinreichend. Deswegen greift auch

---

103 Die Zahlen sind abrufbar im WWW unter der URL https://www.stadtentwicklung.berlin.de/wohnen/mietspiegel/de/download/Mietspiegeltabelle2019.pdf (zuletzt abgerufen am 1.7.2020).
104 Ebenda.
105 Zu ersterem siehe auch die Gesetzesbegründung zu § 5 Abs. 3 MietenWoG Bln, *Abgeordnetenhaus Berlin*, Vorlage zur Beschlussfassung vom 28.11.2019, Gesetz zur Neuregelung gesetzlicher Vorschriften zur Mietenbegrenzung, AGH-Drs. 18/2347, S. 30.

das Verdrängungsargument nicht durch.[106] Das gilt gleichermaßen oder sogar erst Recht für die mangelnde Berücksichtigung der Ausstattung der Wohnung. Daher spricht auch insoweit alles für einen Verstoß gegen den Gleichheitssatz aus Art. 3 Abs. 1 GG aufgrund einer ungerechtfertigten, verfassungswidrigen Gleichbehandlung angesichts der unzureichenden Berücksichtigung der Lage und Ausstattung.[107]

d) Verfassungswidrige Gleichbehandlung aufgrund der fehlenden Berücksichtigung der Größenklasse

Noch offensichtlicher fehlt der Sachgrund bei der fehlenden Berücksichtigung der Wohnungsgrößenklassen. Mietpreise für Kleinwohnungen sind regelmäßig deshalb höher als für mittlere und größere Wohnungen, weil Kleinwohnungen in der Herstellung teurer sind. Das ist insbesondere aufgrund der höheren Kosten von Sanitäreinrichtungen pro Quadratmeter Wohnfläche der Fall. Für das Ausblenden dieses wertbestimmenden Faktors ist kein Sachgrund ersichtlich. Jedenfalls könnte ein solcher auch nicht die scharfe Eingriffswirkung der Gleichbehandlung von wesentlich Ungleichem rechtfertigen.

e) Zwischenergebnis

Damit liegt eine nicht gerechtfertigte, verfassungswidrige Gleichbehandlung von unterschiedlichen Wohnungen bei der Mietobergrenzenregulierung und der Kappung gemäß den §§ 3 – 6 MietenWoG Bln vor. Die §§ 3 – 6 MietenWoG Bln verstoßen daher gegen Art. 3 Abs. 1 GG.

---

106 So zutreffend *Papier* Materielle Verfassungsmäßigkeit des Gesetzes zur Neuregelung gesetzlicher Vorschriften zur Mietenbegrenzung. Rechtsgutachtliche Stellungnahme im Auftrag des Bundesverbandes deutscher Wohnungs- und Immobilienunternehmen e.V. – GdW, Dezember 2019, S. 34 f., abrufbar im WWW unter der URL https://web.gdw.de/uploads/pdf/Pressemeldun gen/Materielle_Verfassungsmaessigkeit_des_Berliner_ Mietendeckels.pdf (zuletzt abgerufen am 1.7.2020).
107 Ebenso grundsätzlich auch *Grzeszick* ZRP 2020, 37 (41).

4 Verfassungswidrige Gleichbehandlung von hohen und niedrigen Vormieten beim Mietenstopp

Eine Gleichbehandlung liegt ferner mit Blick auf hohe und niedrige Vormieten vor, die gleichermaßen vom Mietenstopp nach § 3 Abs. 1 MietenWoG Bln erfasst werden. D. h., dass selbst eine weit von der Ausschöpfung der nunmehr nach der Mietentabelle in § 6 MietenWoG Bln vorgesehenen Höchstsätze entfernte Bestandsmiete bis zum 1. Januar 2022 gar nicht und anschließend nur um 1,3 % jährlich erhöht werden darf, bis die Mietobergrenze erreicht ist, sofern es sich nicht um eine absolut niedrige Miete im Sinne des § 3 Abs. 3 MietenWoG Bln (mit weniger als 5,02 € pro Quadratmeter) handelt. Besonders deutlich wird die mangelnde Rechtfertigung dieser Regelung im Fall der Vereinbarung einer Staffelmiete. Haben sich die Vertragsparteien etwa auf eine besonders moderate Ausgangsmiete geeinigt, die beispielsweise um 15 % unter der nunmehr zulässigen Mietobergrenze liegt, die dann jedoch in den fünf Folgejahren beispielsweise um 3 % jährlich jeweils berechnet vom Ausgangswert erhöht werden soll, ist dies nach der Berliner Regelung nicht zulässig. Dagegen kann der Vermieter, der im Ausgangspunkt bereits eine 15 % höhere Miete verlangt hat, die aber gerade noch unterhalb der Mietobergrenze liegt, die zulässige Miethöhe voll ausschöpfen.

Anders als im Fall der Bewertung der Ausnahmeregelung in § 556e Abs. 1 S. 1 BGB in der „Mietpreisbremsen"-Entscheidung des BVerfG geht es hier nicht um die Frage, ob zulässigerweise eine Ausnahme aus Gründen der Planungssicherheit ergriffen werden durfte.[108] Vielmehr geht es umgekehrt um die Frage, ob für solche Vermieter, die bislang sehr zurückhaltende Mieten verlangt haben, eine Ausnahme vom Mietenstopp geboten ist, da andernfalls wesentlich Ungleiches ohne hinreichenden sachlichen Rechtfertigungsgrund wesentlich gleich behandelt wird. Als Rechtfertigungsgrund kann vorliegend nur das allgemeine Ansinnen angeführt werden, den Trend steigender Mieten in allen Bestandsmietverhältnissen vollständig zu stoppen. Das rechtfertigt jedoch nicht die wesentliche Gleichsetzung von niedrigen und hohen Ausgangs-Bestandsmieten, da bei niedrigen Ausgangs-Bestandsmieten eine ungleich schärfere Eingriffswirkung erzeugt wird.

Auch insoweit wird also in verfassungswidriger Art und Weise wesentlich Ungleiches gleichbehandelt und § 3 Abs. 1 MietenWoG Bln verstößt daher trotz der Ausnahme in § 3 Abs. 3 MietenWoG Bln gegen Art. 3 Abs. 1 GG.

---

108 Dies bejaht das BVerfG, Beschl. v. 18.7.2019 – 1 BvL 1/18, Rn. 103 f., abrufbar im WWW unter der URL http://www.bverfg.de/e/lk20190718_1bvl000118.html – ECLI:DE:BVerfG:2019: lk20190718.1bvl000118 (zuletzt abgerufen am 1.7.2020).

VI Länderkompetenz für Mietenregulierung?

Neben diesen erheblichen materiell-rechtlichen Bedenken stellt sich aber die Frage, ob die Länder überhaupt neben den mietregulatorischen Interventionen des Bundes ergänzende Regelungen erlassen dürfen.

Ausgangspunkt aller Diskussionen ist die verfassungsrechtliche Regel, dass grundsätzlich den Ländern nach Art. 70 GG die Gesetzgebungskompetenz zukommt. Es gilt daher auch grundsätzlich eine Vermutungswirkung für die Kompetenz der Länder zur Gesetzgebung.[109] Das Grundgesetz geht damit von einem „Regel-Ausnahme-Verhältnis zu Gunsten der Länder"[110] aus. Daher muss – in der Diktion des BVerfG – gleichsam „der ‚Nachweis' geführt werden"[111], dass eine Bundeskompetenz vorliegt. Es muss im Fall des Vorliegens einer konkurrierenden Gesetzgebungskompetenz des Bundes ferner gezeigt werden, dass sich das Land mit der angegriffenen Regelung zu einer auf dieser Kompetenz beruhenden abschließenden Regelung in verfassungswidriger Weise in Widerspruch setzt.

Diese Frage ist vorliegend schrittweise zu untersuchen. So ist zunächst im Ausgangspunkt festzustellen, dass Mietpreisregelungen – insoweit unstreitig – jedenfalls auch unter die Kompetenzmaterie „bürgerliches Recht" des Bundesgesetzgebers gemäß Art. 72, 74 Abs. 1 Nr. 1 GG fallen (dazu 1.). Fraglich ist sodann, ob der Bund tatsächlich abschließend von dieser konkurrierenden Gesetzgebungskompetenz Gebrauch gemacht hat (dazu 2.). Selbst wenn sodann den Ländern nach Art. 70 GG weiterhin eine Kompetenz für das Wohnungswesen zukäme, die auch ein Mietpreisrecht umfasste (dazu 3.), würde die abschließende Ausübung der Bundeskompetenz eine Regelung der Länder jedenfalls dann unterbinden, wenn diese eine kompetenz- und treuekonforme Regelung des Bundes in treuwidriger Weise unterläuft bzw. konterkariert, also nicht bloß abweichend, sondern widersprüchlich ist. Ein solcher widersprüchlicher Regelungsgehalt ist vorliegend in Bezug auf die einzelnen Kernbestimmungen des Gesetzes und die Gesamtregelung sorgfältig zu prüfen (dazu 4.). Vor diesem Hintergrund stellt sich sodann die Frage, ob aus dem Gedanken einer Länderkompetenz für das „Wohnungswesen" in Kombination mit wechselseitigen Rücksichtnahmepflichten von Bund und Ländern aus dem Grundsatz der Bundes- bzw. Landestreue eine Re-

---

109 Zutreffend erinnert an diesen Ausgangspunkt *Kingreen* Zur Gesetzgebungskompetenz der Länder für das Öffentliche Mietpreisrecht bei Wohnraum, 2020, Kurzgutachten für die Bundestagsfraktion DIE LINKE, S. 6, abrufbar im WWW unter der URL https://www.linksfraktion.de/fileadmin/user_upload/PDF_Dokumente/2020/200218_Kingreen_Mietendeckel_Kompetenz.pdf (zuletzt abgerufen am 1.7.2020).
110 BVerfGE 111, 226, Rn. 79 – juris; siehe dazu wiederum zutreffend *Kingreen* aaO, S. 6.
111 BVerfGE 42, 20, Rn. 41 – juris; wiederum zu Recht hervorgehoben bei *Kingreen* aaO, S. 6.

gelungskompetenz der Länder für eine Mietpreisregulierung folgt, selbst wenn diese in Konflikt gerät mit dem Gestaltungswillen des Bundesgesetzgebers (dazu 5.).

1 Mietpreisrecht als Element der konkurrierenden Gesetzgebungskompetenz des Bundes nach Art. 72, 74 Abs. 1 Nr. 1 GG

Nach Art. 72, 74 Abs. 1 Nr. 1 GG kommt dem Bund die konkurrierende Gesetzgebungskompetenz für das Mietrecht als Teil des „bürgerlichen Rechts" zu. Bestandteil des Mietrechts ist das sogenannte „soziale" Mietrecht,[112] wozu das „Mietpreisrecht" gehört.[113] Vor diesem Hintergrund hat der Bundesgesetzgeber sämtliche Bestimmungen der Preisbindungen im Mietrecht und zuletzt auch die Regelungen zur sogenannten „Mietpreisbremse" auf diesen Kompetenztitel gestützt.[114] Dabei hatte der Gesetzgeber die „Mietpreisbremse" gerade auch mit dem Ziel der Bekämpfung einer Gentrifizierung und dem Schutz einkommensschwacher Haushalte vor Verdrängung begründet, worauf das BVerfG in seiner materiell-rechtlichen Prüfung explizit abgestellt hatte.[115] Das BVerfG hatte bei seiner Prüfung des Gesetzes zwar keine explizite kompetenzrechtliche Prüfung vorgenommen, aber offensichtlich deshalb, weil keinerlei kompetenzrechtliche Bedenken vorlagen, auch nicht hinsichtlich der Ausgestaltung der verbliebenen Konkretisierungsspielräume für die Länder. Kompetenzrechtlich hat das BVerfG die Konditionierung der Möglichkeiten der Länder, die Miethöhe zu regulieren, durch den Bund einschließlich der prozeduralen Anforderungen an die Begründung entsprechender Landesrechtsverordnungen sogar begrüßt und Letztere als Baustein für die Verfassungskonformität des Gesamtregulierungsansatzes herangezogen.[116] Auch insoweit sind keine kompetenzrechtlichen Bedenken aufge-

---

112 *Degenhart* in: Sachs, GG, Kommentar, 8. Aufl. 2018, Art. 74 Rn. 81; *Sannwald* in: Schmidt-Bleibtreu/Hofmann/Henneke, GG, Kommentar, 14. Aufl. 2018, Art. 74 Rn. 232.

113 *Oeter* in: v. Mangoldt/Klein/Starck, GG, Kommentar, 7. Aufl. 2018, Art. 74 Rn. 10; *Schede/Schuldt* NVwZ 2019, 1572 (1574); *Wissenschaftlicher Dienst des Deutschen Bundestages*, Gesetzliche Mietpreisregulierung durch die Länder aufgrund der Gesetzgebungskompetenz für das Wohnungswesen, WD 3 – 3000 – 029/19 vom 5.2.2019, S. 3; *Wolfers/Opper* DVBl. 2019, 1446 (1447 f.).

114 BT-Drs. 18/3121, S. 19.

115 BVerfG, Beschl. v. 18.7.2019 – 1 BvL 1/18, Rn. 72, abrufbar im WWW unter der URL http://www.bverfg.de/e/lk20190718_1bvl000118.html – ECLI:DE:BVerfG:2019:lk20190718.1bvl000118 (zuletzt abgerufen am 1.7.2020).

116 BVerfG, aaO, Rn. 113.

worfen worden. Insofern ist unstrittig davon auszugehen, dass der Bund über eine konkurrierende Gesetzgebungskompetenz zur Mietpreisregulierung einschließlich einer Kompetenz zur Konditionierung der Konkretisierungs- und Anwendungsmöglichkeiten der Länder verfügt und diese treuekonform durch die Ausgestaltung im BGB genutzt hat (dazu sogleich 2.).

2 Reichweite des Gebrauchmachens dieser Kompetenz im BGB

Das BGB trifft wie bereits oben dargestellt (III.1.) umfassende Regelungen zum Mietpreisrecht und insbesondere zu den Erhöhungsmöglichkeiten für Bestandsmieten ebenso wie zur zulässigen Miethöhe bei Neuvermietungen. Es stellt sich die Frage, ob diese Bestimmungen abschließend sind. Dies ist hier in Ausnahme des allgemeinen Grundsatzes (dazu a)) aufgrund der klaren Ergebnisse der systematischen, teleologischen und genetischen Auslegung (dazu b)) anzunehmen. Es wird auch deutlich, dass eine Beschränkung der landesrechtlichen Gestaltungsmöglichkeiten vom Bundesgesetzgeber gerade gewollt war (dazu c)). Aus der Rechtsprechung des BVerfG und insbesondere aus dem Beschluss vom 23. März 1965 lassen sich auch keine abweichenden Erkenntnisse ableiten (dazu d)).

a) Ausgangspunkt: im Zweifel nicht abschließend

Die Frage, ob es sich bei diesen bundesgesetzlichen Regelungen um abschließende Bestimmungen handelt, ist, sofern das Gesetz dies nicht explizit festlegt, im Rahmen einer Interpretation der Vorschriften zu beantworten.[117] Da vorliegend keine entsprechende explizite Bestimmung vorliegt, ist die beanspruchte Regelungsweite im Wege der Auslegung zu ermitteln. Dabei ist im Sinne einer Schonung der Kompetenzen der Länder grundsätzlich *nicht* vom abschließenden Charakter auszugehen.[118]

---

[117] *Böhm* DÖV 1998, 234 (235); *Jarass* NVwZ 1996, 1041 (1044); *Oeter* in: v. Mangoldt/Klein/ Starck, GG, Kommentar, 7. Aufl. 2018, Art. 72 Rn. 70 m.w.N.
[118] Vgl. *Böhm* DÖV 1998, 234 (235); *Jarass* NVwZ 1996, 1041 (1043) und die weiteren Nachweise auch zur Rechtsprechung des BVerfG bereits oben in den Fn. 110 ff.

b) Klare systematische, teleologische und genetische Gründe für abschließende Regelung

Die systematische, teleologische und auch genetische Auslegung sprechen vorliegend jedoch allesamt für einen abschließenden Charakter hinsichtlich der Frage der zulässigen Miethöhe.[119] So werden auf Bundesebene sowohl für Bestands- als auch für Neuvermietungen die oben skizzierten (dazu III.1.), ausdifferenzierten Regelungen getroffen, die gerade die Miethöhe betreffen und die Interessen von Vermieter und Mieter zum Ausgleich bringen sollen. In beiden Fällen werden die Konkretisierungs- und Abweichungsmöglichkeiten der Länder zudem ganz genau benannt. Für Bestandsmieten wird nur eine Verschärfung der Kappungsgrenze der Erhöhungsmöglichkeiten der Mieten von 20 % auf 15 % innerhalb von drei Jahren eröffnet. Dafür müssen die Länder allerdings im Rahmen einer Rechtsverordnung gemäß § 558 Abs. 3 S. 2 BGB zunächst feststellen, dass „die ausreichende Versorgung der Bevölkerung mit Mietwohnungen zu angemessenen Bedingungen in einer Gemeinde oder einem Teil einer Gemeinde besonders gefährdet ist", und die jeweiligen Gebiete identifizieren. Noch stärker ist die Engführung bei Neuvermietungen angelegt: Hier müssen die Länder ebenfalls im Wege einer Rechtsverordnung entsprechende „Gebiete mit einem angespannten Wohnungsmarkt" identifizieren. Eingrenzend ist aber darüber hinaus eine Absenkung des zulässigen „Aufschlags" auf die Vergleichsmiete in Höhe von 10 % nicht vorgesehen. Aus der systematischen Interpretation im Vergleich zur Kappungsgrenze für Bestandsmieten folgt daraus, dass hier keine Änderung hinsichtlich der Fixierung des Aufschlags durch die Länder gewünscht ist. Andernfalls hätte der Bundesgesetzgeber vorsehen müssen, dass der Aufschlag auch abgesenkt werden kann.

Damit wird der Regelungsansatz des Bundesgesetzgebers deutlich, der im sozial und wirtschaftlich empfindlichen Bereich der Mietenregulierung ein austariertes und abschließendes Konzept zur zulässigen Preishöhe entwickeln will. Könnten die Länder etwa die Kappungsgrenze bei Bestandsmieten oder den Aufschlag auf die Vergleichsmiete bei Neuvermietungen weiter absenken, ergäbe eine explizite Regelung der Option einer Absenkung der Kappungsgrenze bloß auf 15 % keinen Sinn.

Weitere Verschärfungen der bestehenden Regelung sind vom Bundesgesetzgeber explizit abgelehnt worden (siehe oben III.1.b) bb)). Damit wird der Wille des Bundes deutlich, am eingeschlagenen Weg festzuhalten und zugleich eine si-

---

119 So inzwischen auch BayVerfGH, Entsch. v. 16.7.2020 – Vf. 32-IX-20, BeckRS 2020, 16071, Rn. 58 ff.

gnifikante Verschärfung ratione materiae im Übrigen abzulehnen. In der Gesetzesbegründung wird dies sogar explizit hervorgehoben. So heißt es unter Übernahme der Erkenntnisse einer vom DIW in Vorbereitung des Gesetzesentwurfs angefertigten Studie[120], dass „stärker regulierende Eingriffe in die Preisbildung" unterbleiben sollen, da sie sich negativ auf den Wohnungsmarkt auswirken könnten, und stattdessen „Änderungen an den Regelungen der ‚Mietpreisbremse' nur behutsam und mit der nötigen Vorsicht vorgenommen werden" sollen.[121] Zudem ist ein Antrag der Fraktion BÜNDNIS 90/DIE GRÜNEN, der weitere Verschärfungen ratione materiae in Richtung der Berliner Regelung (allerdings auch weit weniger radikal) vorgesehen hat, wie eine Absenkung des Zuschlags auf die ortsübliche Vergleichsmiete von 10 % auf 5 % und eine Streichung der Privilegierung für höhere Vormieten[122], u. a. mit den Stimmen der Regierungsparteien abgelehnt worden[123]. Dieser ganze Streit wäre überflüssig, wenn die Länder, von deren Tätigwerden auch die Aktivierung der „Mietpreisbremse" abhängt, ohnehin außerhalb des „Korsetts" der BGB-Anforderungen per Gesetz regeln könnten, was sie wollten, also auch eine Absenkung auf einen Zuschlag in Höhe von 5 % im Fall der Neuvermietung.

c) Gewollte Beschränkung der Gestaltungsmöglichkeiten der Länder

Damit liegt eine abschließende Regelung des Bundes dahingehend vor, was die Länder als Eingriffe in die Mietpreishöhe im Rahmen der Nutzung der Verordnungskompetenzen in angespannten Wohnungsmärkten vornehmen dürfen, nämlich einerseits die Aktivierung der „Mietpreisbremse" für Neuvermietungen – nunmehr für weitere fünf und daher insgesamt zehn Jahre – sowie andererseits eine Absenkung der Kappungsgrenze von Mieterhöhungen von 20 % auf 15 %. Der Sinn dieser klar geregelten und damit ausdrücklichen Beschränkungen der Eingriffsmöglichkeiten der Länder wird in sein Gegenteil verkehrt, wenn daraus gerade abgeleitet wird, dass der Bundesgesetzgeber die zulässigen Miethöhen

---

120 *DIW*, Untersuchung der Wirksamkeit der in 2015 eingeführten Regelungen zur Dämpfung des Mietanstiegs auf angespannten Wohnungsmärkten (Mietpreisbremse), erstellt im Auftrag des BMJV, 2018, S. 42 f., abrufbar im WWW unter der URL https://www.bmjv.de/SharedDocs/Down loads/DE/Ministerium/ForschungUndWissenschaft/MPB_Gutachten_DIW.pdf;jsessionid= BC2B170425388F37 A28E982 A09 A170D9.2_cid289?__blob=publicationFile&v=2 (zuletzt abgerufen am 1.7.2020).
121 BT-Drs. 19/15824, S. 11.
122 BT-Drs. 19/15122.
123 Beschlussempfehlung BT-Drs. 19/17156.

nicht abschließend regeln wollte.[124] Diese Argumentation geht offensichtlich davon aus, dass es entweder nur eine abschließende Regelung *ohne* Gestaltungsmöglichkeiten der Länder oder eine *nicht* abschließende Regelung *mit* Gestaltungsmöglichkeiten der Länder gibt. Gäbe es nur diese zwei Möglichkeiten, wäre tatsächlich die zweite die Vorliegende. Warum es aber nicht drittens eine abschließende Regelung *gerade der* Gestaltungsmöglichkeiten der Länder geben sollte, leuchtet nicht ein. Genau diese Variante wurde vorliegend gewählt und nur diese Variante wird auch dem sinnvollen Regelungsanliegen des Bundesgesetzgebers gerecht, dass nämlich das komplexe Verfahren der Mietpreisfestsetzung über das Vergleichsmietenkonzept und die damit einhergehende Abwägung der Interessen der Mieter und Vermieter *nur einmal* konsistent vorgenommen werden kann. Eine von der Bundesregelung abweichende Austarierung auf Länderebene ist eben nicht eine weitere zusätzliche Regelung wie eine Nachbarschaftsregelung neben einer baurechtlichen Bestimmung[125], sondern eine konterkarierende Regelung, die die Bundesregelung entwertet (dazu noch weiter bei 4.).

Ergänzend sei darauf hingewiesen, dass das BVerfG[126] und auch die überwiegende Literatur[127] davon ausgehen, dass die Landesverordnungsgeber nach § 556d Abs. 2 BGB sogar tätig werden müssen, wenn Gebiete mit angespannten Wohnungsmärkten im Sinne der Vorschrift vorliegen. D. h. der Bund hat sein Regelungskonzept sogar soweit ausdifferenziert, dass das vorgesehene Schutzinstrumentarium bei Neuvermietungen greift, wenn ein angespannter Wohnungsmarkt vorliegt. Dieses Verständnis der landesrechtlichen Handlungspflicht betont besonders deutlich das umfassende und abschließende Handlungskonzept des Bundes.

---

124 Für eine vom Bundesgesetzgeber gewollte Beschränkung der Landesgesetzgeber außerhalb der eng umgrenzten Verordnungsvorbehalte inzwischen auch BayVerfGH, Entsch. v. 16.7.2020 – Vf. 32-IX-20, BeckRS 2020, 16071, Rn. 64 ff.
125 So das Beispiel bei *Kingreen* Zur Gesetzgebungskompetenz der Länder für das Öffentliche Mietpreisrecht bei Wohnraum, 2020, Kurzgutachten für die Bundestagsfraktion DIE LINKE, S. 23, abrufbar im WWW unter der URL https://www.linksfraktion.de/fileadmin/user_upload/PDF_Do kumente/2020/200218_Kingreen_Mietendeckel_Kompetenz.pdf (zuletzt abgerufen am 1.7.2020).
126 BVerfG, Beschl. v. 18.7.2019 – 1 BvL 1/18, Rn. 111, abrufbar im WWW unter der URL http://www.bverfg.de/e/lk20190718_1bvl000118.html - ECLI:DE:BVerfG:2019:lk20190718.1bvl000118 (zuletzt abgerufen am 1.7.2020).
127 *Lange* DVBl. 2015, 1551 (1557); *Lehmann-Richter* WuM 2015, 204 (205); *Schuldt* Mietpreisbremse. Eine juristische und ökonomische Untersuchung der Preisregulierung für preisfreien Wohnraum, 2017, S. 244 ff.; a. A. *Hinz* in: Dauner-Lieb/Langen, BGB-Schuldrecht, 3. Aufl. 2016, § 556d BGB Rn. 13.

d) Keine abweichenden Erkenntnisse aus der Rechtsprechung des Bundesverfassungsgerichts (insbesondere im Beschluss vom 23. März 1965)

Auch der Beschluss des Zweiten Senats des BVerfG vom 23. März 1965 bestätigt im Übrigen keineswegs die angedeutete, schon sachlogisch, aber auch teleologisch wenig vertretbare Beschränkung des Bundesgesetzgebers im Rahmen der Ausübung einer konkurrierenden Gesetzgebungskompetenz auf die Alternativen, dem Landesgesetzgeber entweder überhaupt keine landesrechtlichen Konkretisierungsspielräume einzuräumen oder ihn durch die Einräumung von beschränkten Verordnungsermächtigungen zugleich zu einem Handeln auch *jenseits* der Beschränkungen und dabei zum Erlass auch *gegen* den Regelungssinn dieser Beschränkungen und der übrigen Bundesregelungen zu ermächtigen.[128] Denn in dem zugrunde liegenden Fall aus dem Jahr 1960 ging es um das Ausfüllen von Strafrechtsnormen des Bundes durch die dazu in der Bundesregelung explizit befugte Landesregierung und sodann um die normkategoriale Frage, ob das anschließende Nutzen einer entsprechenden Verordnungsermächtigung durch die Landesregierung eine Landes- oder eine Bundesnorm generiert. Diese, 60 Jahre später seltsam trivial anmutende Frage hat das BVerfG seinerzeit zu Recht im Sinne des Vorliegens einer Landesnorm bejaht.[129] Vorliegend ist es auch völlig unstreitig, dass das Ausfüllen der Verordnungsermächtigungen im BGB auf der Landesebene zu Landesnormen führt. Vielmehr stellt sich hier ja die Frage, ob die Länder über eine Gesetzgebungskompetenz für eine Regelung jenseits der im Bundesrecht eröffneten Befugnisse in den Verordnungsermächtigungen verfügen – und zwar durch die Schaffung von Landesgesetzen im formellen Sinne. Dazu lässt sich der Entscheidung des BVerfG nichts entnehmen, jedenfalls nicht die oben aufgezeigte unsinnige Beschränkung des Handlungsspielraums des Bundes mit Blick auf die Eröffnung von Gestaltungsmöglichkeiten der Länder auf ein „Ganz oder gar nicht".

Die zitierte Passage des BVerfG u. a. dahin gehend, dass der „Bundesgesetzgeber die Materie nicht erschöpfend geregelt hat, weil er sie im Hinblick auf die Verschiedenheit der örtlichen Verhältnisse nicht erschöpfend regeln konnte"[130],

---

[128] So aber *Kingreen* Zur Gesetzgebungskompetenz der Länder für das Öffentliche Mietpreisrecht bei Wohnraum, 2020, Kurzgutachten für die Bundestagsfraktion DIE LINKE., S. 15 f., abrufbar im WWW unter der URL https://www.linksfraktion.de/fileadmin/user_upload/PDF_Dokumente/2020/200218_Kingreen_Mietendeckel_Kompetenz.pdf (zuletzt abgerufen am 1.7.2020) unter Hinweis auf BVerfGE 18, 407 (417).

[129] BVerfGE 18, 407.

[130] BVerfGE 18, 407, Rn. 36 – juris.

gibt zutreffend die strafrechtliche Regelungssituation wieder. Vorliegend wird auch niemand behaupten wollen, der Bund habe den Rechtsrahmen zur Regelung der Höhe der Mietpreise in dem Sinne abschließend regeln wollen, dass die Länder gar nichts mehr tun können. Genau das Gegenteil ist der Fall: Der Bund hat den Bundesländern ja gerade eine entsprechende Konkretisierungsbefugnis eingeräumt und wollte die Materie tatsächlich insoweit, aber eben auch nur insoweit (!), nicht abschließend regeln. Abschließend geregelt sind also die Spielräume der Länder, unter welchen Voraussetzungen sie welche Eingriffe in die Mietpreishöhen vornehmen können – Absenkung der Kappungsgrenze in Bestands- und „Mietpreisbremse" in Neuvermietungsverhältnissen. Unter Wahrung der Treue im Bund-Länder-Verhältnis möchte der Bundesgesetzgeber den Ländern nicht weniger, aber eben auch nicht mehr zugestehen (dazu auch sogleich 4. und insbesondere 4.d)). Die diesbezügliche Einschränkungskompetenz des Bundes wird im Übrigen auch vom BVerfG gerade in der angeführten Entscheidung aus den 1960er Jahren betont.[131] Daher wird in der Literatur, sofern sie sich damit näher auseinandersetzt, auch davon ausgegangen, dass die Einräumung einer Ermächtigungsnorm zum Erlass von Verordnungen zugunsten eines Landesverordnungsgebers für die Länder, insbesondere auch die Landesgesetzgeber, eine Bindung an die Vorgaben und den Rahmen der Verordnungsermächtigung zur Folge hat.[132] Eine *im Übrigen* und *insoweit* abschließende Regelung ist also durch die Verordnungsermächtigung zugunsten der Landesregierungen gerade nicht ausgeschlossen, sondern wird durch ihre Konditionierung vielmehr belegt.

3 Gesetzgebungskompetenz der Länder zur Mietpreisregelung nach Art. 74 Nr. 18 GG?

Durch die Föderalismusreform I aus dem Jahr 2006 ist die konkurrierende Gesetzgebungskompetenz für den Titel „Wohnungswesen" im vormaligen Art. 74 Nr. 18 GG gestrichen worden. Daraus wird zum Teil sehr weitgehend abgeleitet, dass das Mietpreisrecht damit umfassend in die Gesetzgebungskompetenz der Länder nach Art. 70 GG gefallen sei,[133] während teilweise umgekehrt ebenfalls

---

131 Ebenda.
132 *Oeter* in: v. Mangoldt/Klein/Starck, GG, Kommentar, 7. Aufl. 2018, Art. 72 Rn. 82; *Uhle* in: Maunz/Dürig, Grundgesetz-Kommentar, Art. 72 Rn. 101, 76. Ergänzungslieferung (Stand: Dezember 2015); *Wollenschläger* in: Bonner Kommentar, GG, Art. 72 Rn. 209, 192. Ergänzungslieferung (Stand: August 2018).
133 So für ein „öffentliches Mietpreisrecht" *Weber* JZ 2018, 1022 (1027); *ders.* ZMR 2019, 389 (392 ff.); dazu ausführlich *Kingreen* Zur Gesetzgebungskompetenz der Länder für das Öffentliche

sehr weitgehend davon ausgegangen wird, dass eine abschließende Kompetenz des Bundes zur Regelung des Mietpreisrechts im bürgerlichen Recht getroffen worden sei.[134]

Für die fehlende Übernahme der Kompetenz des Mietpreisrechts als Bestandteil des Wohnungswesens spricht, dass in der – abschließend formulierten – Aufzählung der „Bereiche des Wohnungswesens" in der Gesetzesbegründung zur Verfassungsänderung vieles, aber nicht mehr das Mietpreisrecht auftaucht.[135] Allerdings gehörte das öffentliche Mietpreisrecht jedenfalls zum Instrumentarium der „Wohnungszwangswirtschaft" unter dem bisherigen Kompetenztitel des „Wohnungswesens"[136], was im Rahmen einer historischen und an der Gesetzgebungspraxis orientierten Interpretation für die Annahme einer unter Art. 70 GG fortbestehenden Kompetenz der Länder spricht.[137] Umgekehrt kann der Umstand, dass zur Zeit der Föderalismusreform 2006 das öffentliche Mietpreisrecht durch das soziale Mietrecht im BGB abgelöst worden war und auch stark in der Tradition der Wohnungsnot der Nachkriegszeit mit entsprechend notwendigen drastischen Zwangsmaßnahmen der Wohnraumbewirtschaftung aufgrund des flächigen (!) Wohnungsmangels in Deutschland stand, dafür sprechen, dass insoweit auf der Landesebene keine Regelungsnotwendigkeit mehr gesehen wurde. Es ist auch nicht ersichtlich, dass es noch entsprechende Regelungen gab, die unter der Kompetenzverteilung nach der Föderalismusreform 2006 hätten fortgeschrieben werden müssen.[138] Vor diesem Hintergrund erklärt sich auch die mangelnde

---

Mietpreisrecht bei Wohnraum, 2020, Kurzgutachten für die Bundestagsfraktion DIE LINKE., S. 9 ff., abrufbar im WWW unter der URL https://www.linksfraktion.de/fileadmin/user_upload/ PDF_Dokumente/2020/200218_Kingreen_Mietendeckel_Kompetenz.pdf (zuletzt abgerufen am 1.7.2020).

134 So *Papier* Landeskompetenz zur Einführung eines sogenannten Mietendeckels? Rechtsgutachtliche Stellungnahme im Auftrag des Bundesverbandes Deutscher Wohnungs- und Immobilienunternehmen e.V. – GdV, September 2019, S. 6 – 8 und vor allem S. 13 und 14, abrufbar im WWW unter der URL https://web.gdw.de/uploads/pdf/Pressemeldungen/Gutachten_Mietende ckel_Zustaendigkeit.pdf (zuletzt abgerufen am 1.7.2020).

135 BT-Drs. 16/813, S. 13.

136 Siehe insbesondere den Entwurf eines Gesetzes über den Abbau der Wohnungszwangswirtschaft und über ein soziales Mietrecht vom 6.8.1959, BT-Drs. 03/1234, S. 46.

137 So insbesondere *Kingreen* Zur Gesetzgebungskompetenz der Länder für das Öffentliche Mietpreisrecht bei Wohnraum, 2020, Kurzgutachten für die Bundestagsfraktion DIE LINKE., S. 9 ff., abrufbar im WWW unter der URL https://www.linksfraktion.de/fileadmin/user_upload/ PDF_Dokumente/2020/200218_Kingreen_Mietendeckel_Kompetenz.pdf (zuletzt abgerufen am 1.7.2020).

138 Daher ist auch das von *Kingreen* aaO, S. 11, angeführte systematische Argument nicht zwingend, dass keine explizite Lösung im Grundgesetz für den Fortbestand öffentlich-rechtlicher Mietpreisregelungen der Länder geschaffen worden sei, da derartige Regelungen im Jahr 2006

Diskussion, da im Jahr 2006 niemand vorhersehen konnte, dass eines Tages wieder Instrumente diskutiert werden, die eher in Krisenzeiten wie der Nachkriegszeit angemessen erschienen.[139]

Daher sprechen sehr gute Gründe dafür, dass die Mietpreisregulierung im Zuge der Föderalismusreform im sozialen Mietrecht des BGB aufgegangen ist und die Länder im Bereich des Wohnungswesens noch viele Gestaltungsmöglichkeiten haben, aber eben nicht das Instrument einer Miethöhenregulierung. Die Gesetzesbegründung zur Föderalismusreform verweist auf die Fülle der verbleibenden Gestaltungsmöglichkeiten, die von den Ländern auch umfassend genutzt werden, vom wichtigen Recht der sozialen Wohnraumförderung zum steuerungspräziseren Schutz einkommensschwacher Haushalte bis hin zum angebotswahrenden Zweckentfremdungsrecht im Wohnungswesen.

Aber selbst wenn die Länder eine entsprechende Kompetenz auch nach der Föderalismusreform behalten hätten, enthält das BGB jedenfalls unstreitig Regelungen des Mietpreisrechts, die nach der Föderalismusreform vom Bundesgesetzgeber auch noch im Rahmen der „Mietpreisbremse" ergänzt wurden, ohne dass das BVerfG insoweit Kompetenzprobleme mit Blick auf die gesetzlichen Regelungen erkannt hätte. Eine konkurrierende Gesetzgebungskompetenz des Bundes liegt also unstreitig für Mietpreisregulierungen vor (dazu bereits oben 1.). Entscheidend ist damit vorliegend, eine Kompetenz der Länder für das Wohnungswesen unterstellt, ob der Bund abschließende Regelungen zur Mietpreishöhe kompetenzkonform treffen durfte und dies auch wollte (was der Fall ist, siehe bereits oben 2.), und ob die Berliner Landesregelung diese missachtet (was ebenfalls der Fall ist, dazu sogleich 4.).

4 Verschärfende und konterkarierende Wirkung der Berliner Regelungen

Die Berliner Regelungen betreffen von den Regelungszielen und -wirkungen identische Regelungsgegenstände. Das gilt in Bezug auf die Regelungen des Landes Berlin sowohl hinsichtlich des Mietenstopps (dazu a)) und der Absenkungsmöglichkeit der Bestandsmieten als auch hinsichtlich der Mietobergrenzen für Neuvermietungen (dazu b)). Den Berliner Regelungen liegt auch kein grund-

---

nicht ersichtlich sind. Im Übrigen wäre die Konsequenz die, dass entsprechende Regelungen aufzuheben wären.

139 Anders insoweit *Kingreen* aaO, S. 10, der aus dem diesbezüglichen Schweigen ein Argument dafür ableitet, dass keine Änderungen gegenüber dem bisherigen (historisch aber überholten) Verständnis gewollt sein konnten.

sätzlich abweichendes Regelungskonzept „auf dem Gebiet des Wohnungswesens" zugrunde (dazu c)), so dass auch keine Rücksichtnahme auf die Bundesregelung erkennbar ist, ebenso wenig wie eine widerspruchsfreie Ergänzung der Bestimmungen auf Bundesebene vorliegt, sondern deren Aushöhlung und Konterkarierung (dazu d)).

a) Verschärfte Regelungswirkung des Mietenstopps nach § 3 MietenWoG Bln im Vergleich zur Kappungsgrenze im BGB

Der Mietenstopp nach § 3 Abs. 1 MietenWoG Bln sieht hinsichtlich der Bestandsmieten vor, dass jede Miete, die die zum Stichtag des 18. Juni 2019 wirksam vereinbarte Miete überschreitet, grundsätzlich verboten ist. Er löst damit eine in der Grundstruktur identische Wirkung aus wie die Kappungsgrenze des § 558 Abs. 3 BGB in Höhe von 20 % bzw. 15 %, nur dass er ungleich radikaler ist.[140] Hätte der Bund in § 558 Abs. 3 BGB eine Öffnungsklausel vorgesehen, dass die Länder die Kappung nicht nur auf 15 % in drei Jahren, sondern auch auf 0 % für eine begrenzte Zahl von maximal zwei Jahren und eine anschließende Inflationsanpassung, jedoch allerhöchstens um 1,3 % pro Jahr, absenken können, wäre § 3 MietenWoG Bln als Landesregelung von der Gestaltungsermächtigung des Bundesgesetzes gedeckt. Auch wäre es denkbar gewesen, dass der Bundesgesetzgeber verschiedene Konzepte einer Absenkung der Kappungsgrenze eröffnet hätte. All dies ist aber gerade nicht der Fall. Der Bund wollte den Korridor einer ausgewogenen Mietpreishöhenregulierung also selbst bestimmen und den Ländern nur einen sehr begrenzten Spielraum eröffnen, die Kappungen zu verschärfen. Dieser wird ganz offensichtlich gesprengt und letztlich überflüssig gemacht, wenn der Landesgesetzgeber Berlins nicht nur – wie bereits zulässigerweise erfolgt – die Kappungsgrenze im Rahmen einer Verordnung auf 15 % in drei Jahren absenkt, sondern auf 0 % zuzüglich eines äußerst beschränkten Inflationsausgleichs.

b) Verschärfende Wirkung des § 4 MietenWoG Bln (Mietobergrenzen) und § 5 MietenWoG Bln (Überhöhte Mieten)

Nach § 4 MietenWoG Bln werden Mietobergrenzen für *Neu*vermietungen anhand einer Mietentabelle (§ 6 MietenWoG Bln) eingeführt und höhere Mieten verboten. Die Berliner Regelung erstreckt diese Wirkung durch das Verbot höherer Mieten

140 So auch *Wolfers/Opper* DVBl. 2019, 1446 (1448).

als solcher, die in der Mietentabelle nach § 6 (bzw. ergänzend nach § 7) Mieten-WoG Bln vorgesehen sind, in § 5 MietenWoG Bln in Verschärfung der Vorgaben im BGB auch auf *Bestandsmiet*verhältnisse. In Abweichung zur Regelung im BGB wird als Vergleichsmaßstab im Übrigen wiederum nicht auf ein dynamisches Vergleichsmietenmodell rekurriert, sondern auf ein statisches Miettabellen-Konzept. Die Miettabelle wurde zwar im Ausgangspunkt aus dem Berliner Mietenspiegel von 2013 entwickelt, in entscheidender Abweichung vom Berliner Mietenspiegel wird aber die Lage der Wohnung nicht vollumfänglich und auch nur für den Fall der Mietenabsenkung berücksichtigt. In der Folge sind die mehr als 20 % höheren Bestandsmieten abzusenken, da diese zivilrechtlich verboten (§ 134 BGB) und im Übrigen mit einem Ordnungswidrigkeitstatbestand sanktionsbewehrt worden sind (§ 11 Abs. 1 Nr. 4 MietenWoG Bln).

Damit unterscheidet sich die Regelung von der Regulierung der Bestandsmieten im BGB in ihrer Eingriffswirkung deutlich. So liegt eine erhebliche Verschärfung darin begründet, dass nicht mehr auf eine dynamische Vergleichsmiete (nach Mietenspiegel) abgestellt wird, sondern auf fixe Werte einer Mietentabelle, die sich lediglich am Berliner Mietenspiegel 2013 orientieren. Deutlich verschärfend wirkt ferner, dass die Regelung auch die Notwendigkeit der Anpassung – im Sinne einer Absenkung – bereits konsentierter Mieten vorsieht. So war das gesamte Mietpreisregulierungsrecht des BGB bislang darauf angelegt, dass im Rahmen einer einvernehmlichen Vereinbarung nach § 557 Abs. 1 BGB jederzeit ein erhöhter Mietzins vollkommen unabhängig von der Höhe etwaiger Vergleichsmieten vereinbart werden kann. Das ist schon vor dem Hintergrund wichtig, dass es angesichts regelmäßig fehlender qualifizierter Mietspiegel und auch unabhängig davon oftmals begründeten Anlass zum Streit darüber gibt, von welcher Vergleichsmiete auszugehen ist. Von diesem bisherigen Grundsatz ist der Bundesgesetzgeber allerdings schon für Neuvermietungen im Rahmen der „Mietpreisbremse" insoweit abgewichen, als er bestimmt hat, dass nach § 556g Abs. 1 BGB nunmehr auch Mieten, die oberhalb der zulässigen 10 %igen Abweichung von der Vergleichsmiete liegen, unwirksam sind. Überhöhte Mietzahlungen können sodann im Wege des Bereicherungsrechts zurückverlangt werden. Damit wird in Neuvermietungsverhältnissen eine Mietenabsenkung auf die zulässige Höhe bewirkt. Dasselbe bewirkt die Mietobergrenzen-Regulierung nach § 4 MietenWoG Bln und verschärft die Wirkung, da eine (niedrigere) gesetzlich fixierte Miete nach Mietentabelle Referenzmaßstab ist und kein 10 %iger Zuschlag greift.

Dadurch und aufgrund des statischen Ansatzes verschärft sich die Eingriffswirkung der Berliner Regelung massiv ebenso wie der Entkoppelungseffekt von der Marktmiete besonders gravierend ist. Gleichwohl ist die Wirkungsrichtung und die Funktionsweise der Berliner Regelung mit der im BGB vergleichbar.[141] Auch hier gilt aber wiederum, dass der Bund weder bei den Neu- noch bei den Bestandsmieten eine Öffnungsklausel für einen derartig radikalen Eingriff in die Preisbildung vorgesehen hat. Insoweit verschärft das in der Berliner Regelung vorgesehene Instrument der Mietenabsenkung die Bestimmungen im BGB, macht sie wiederum weitgehend überflüssig und konterkariert das in der BGB-Regelung beabsichtigte Ziel eines angemessenen Ausgleichs von Mieter- und Vermieterinteressen. Eine entsprechende Parallele lässt sich insbesondere zwischen der Mietobergrenze für Neuvermietungen nach § 4 MietenWoG Bln und der „Mietpreisbremsen"-Regelung der §§ 556d – g BGB ziehen. Ähnlich dem Mietenstopp für Bestandsmieten ist die Berliner Regelung in der Funktionsweise identisch, gleichzeitig aber quantitativ deutlich radikaler, da der Vergleichsmaßstab aufgrund der statischen Ausrichtung auf die Mietentabelle abgesenkt wird und zudem ein „Sicherheits"-Zuschlag entfällt. Damit liegt wiederum eine deutliche Verschärfung vor, für die im Bundesgesetz aber keine Öffnungsmöglichkeit angelegt ist. § 4 MietenWoG Bln verschärft die noch einigermaßen ausbalancierte Bundesregelung radikal zu Lasten der Vermieter, macht die Bundesregelung wiederum überflüssig und konterkariert deren Konzept.

c) Kein abweichendes Regelungskonzept „auf dem Gebiet des Wohnungswesens"

Die Berliner Regelung enthält dabei kein in einem verfassungsrechtlichen Sinne kompetenzbegründendes abweichendes Regelungskonzept „auf dem Gebiet des Wohnungswesens", sondern verschärft die Ansätze im BGB mit einer identischen Stoßrichtung. Der konzeptionelle Unterschied besteht daher lediglich in der ungewöhnlichen Radikalität, aber nicht in einem wie auch immer gearteten eigenständigen Regelungskonzept für einen abgetrennten Lebenssachverhalt in Form etwa eines abtrennbaren Marktes. Insoweit genügen keine denkbaren Verbindungslinien zu einem noch zu entwickelnden Wohnraumbewirtschaftungskonzept (dazu aa)). Es hilft auch nicht, dass die Berliner Regelung gegebenenfalls stärker öffentlich-rechtlich geprägt ist als jene im BGB (dazu bb)). Schließlich ergibt sich nichts Anderes vor dem Hintergrund sonstiger verfassungsrechtlicher Vorgaben, etwa in der Berliner Landesverfassung (dazu cc)).

---

141 So auch *Wolfers/Opper* DVBl. 2019, 1446 (1448): „Zwischen Mietpreisbremse und Mietpreisdeckel besteht daher kein qualitativer, sondern lediglich ein quantitativer Unterschied. Der in Berlin geplante Mietendeckel ist sachlich eine Mietpreisbremse, nur eine besonders starke und besonders starre."

aa) Wohnungspolitische Ziele und Verbindungslinien in entsprechenden Konzepten nicht kompetenzbegründend

Teilweise wird eine Landeskompetenz zu der ganzen Breite oder einzelnen mietpreisregulierenden Vorschriften damit begründet, dass sie Bestandteil eines „wohnungspolitischen Konzepts" seien, um einen ausgeglichenen Wohnungsmarkt wiederherzustellen.[142] Das gelte zumindest für das mit dem Mietenstopp erfolgende zeitlich befristete „Mietenmoratorium".[143] Eine derartige Argumentation verkennt jedoch die identische Regelungsrichtung von Mietpreisregelungen im BGB und „Mietendeckel" einschließlich „Mietenmoratorium" im MietenWoG Bln. Die Instrumente unterscheiden sich lediglich in ihrer Radikalität der Abkopplung vom freien und unregulierten Mietenmarkt, nämlich noch vergleichsweise moderat im Fall der BGB-Regelung, hingegen radikal im Fall der Berliner Regelung (dazu bereits oben a) und b)). Wenn für ein Regelungsinstrument aber eine konkurrierende Bundesgesetzgebungskompetenz besteht und der Bund davon Gebrauch macht, darf ein Land nicht konterkarierende Regelungen treffen (dazu ebenfalls bereits oben 1. und 2.) mit dem Argument, dieses Instrument könne zugleich im Rahmen eines weiteren Gesamtinstrumentariums auf Landesebene zum Einsatz kommen. Insofern hinken auch die historischen Vergleiche, dass es auf Landesebene bereits Mietenmoratorien gegeben habe.[144] Dies ist kompetenzrechtlich auch bislang angesichts der konkurrierenden Gesetzgebungskompetenz möglich gewesen. Voraussetzung war aber vor wie nach der Föderalismusreform, dass diese nicht einer Bundesregelung widersprachen. Es ist auch nicht ersichtlich, dass das seinerzeit der Fall gewesen wäre.

Entscheidend ist damit, wie auch der Wissenschaftliche Dienst des Bundestages in seiner gutachterlichen Stellungnahme zutreffend ausführt[145], ob ein Wohnraumbewirtschaftungskonzept (als scharfe Eingriffsvariante zur Beseitigung der eklatanten Wohnungsnot nach der Katastrophe und den Ausbombungen des Zweiten Weltkriegs) bzw. (als weit weniger eingriffsintensive Variante) ein öffentlich geförderter Wohnraum vorliegt. In diesen beiden Fällen sind die Miet-

---

142 *Battis* Verfassungsrechtliche Prüfung des Referentenentwurfs eines Gesetzes zur Neuregelung gesetzlicher Vorschriften zur Mietenbegrenzung in Berlin (Berliner MietenWoG), Rechtsgutachten im Auftrag der Senatskanzlei des Landes Berlin, S. 17, abrufbar im WWW unter der URL https://www.berlin.de/rbmskzl/aktuelles/fuer-alle/191004-rechtsgutachten-mietendeckel.pdf (zuletzt abgerufen am 1.7.2020).
143 So differenzierend insbesondere *Battis* aaO, S. 14 ff.
144 Dazu etwa *Battis* aaO, S. 11 und passim.
145 *Wissenschaftlicher Dienst des Deutschen Bundestages*, Gesetzliche Mietpreisregulierung durch die Länder aufgrund der Gesetzgebungskompetenz für das Wohnungswesen, WD 3 – 3000 – 029/19 vom 5.2.2019, S. 3 ff.

objekte – in unterschiedlichem Umfang – dem freien Mietmarkt entzogen und können auch einer verschärften Mietpreisregulierung unterworfen werden, ohne dass es zu einem Widerspruch mit der Mietenregulierung des Bundesgesetzgebers kommt. In Bezug auf „frei am Wohnungsmarkt angebotene Mietwohnungen" gilt hingegen das zutreffende Verdikt des Wissenschaftlichen Dienstes des Bundestages, dass „das Mietpreisbindungsgesetz des Bundes eine abschließende gesetzliche Regelung" geschaffen hat.[146]

Den Ländern sind damit auch nicht die Spielräume zur Einführung eines wohnungspolitischen Konzepts genommen, da sie in einer Übergangsphase etwa durch Mietzuschüsse für einkommensschwache Haushalte ganz gezielt die angestrebten Zwecke verfolgen können. Derweil bleibt es ihnen im Rahmen der übrigen verfassungsrechtlichen Grenzen kompetenzrechtlich unbenommen, ein umfassendes wohnungspolitisches Konzept zu entwickeln, das die gewünschten politischen Ziele über den Aufkauf von Belegungsrechten oder Wohnungen, die landeseigenen Wohnungsgesellschaften oder stärker intervenierende Wohnraumbewirtschaftungskonzepte verfolgt.

bb) Öffentlich-rechtliche Teilüberformung nicht kompetenzbegründend

Auf dieser Linie ist auch die teilweise vertretene Ansicht, die Kompetenz richte sich danach, ob die Mietpreisregulierung öffentlich-rechtlich (dann Zuständigkeit der Länder) oder zivilrechtlich (dann Zuständigkeit des Bundes) ausgestaltet sei,[147] zurückzuweisen. So ist hinsichtlich des öffentlich-rechtlichen Charakters der Berliner Regelung zunächst darauf hinzuweisen, dass die Wirkung der Regelungen erst recht in der schlussendlich Gesetz gewordenen Fassung primär zivilrechtlich hergestellt wird: So sind dem Mietenstopp widersprechende Mieten nach § 3 Abs. 1 MietenWoG Bln und § 5 Abs. 1 MietenWoG Bln verboten bzw. unzulässig. Damit wird die zivilrechtliche Vertragsfreiheit regulatorisch in derselben Weise überformt wie bei der Kappungsgrenze und der „Mietpreisbremse" nach

---

146 *Wissenschaftlicher Dienst des Deutschen Bundestages*, aaO, S. 6.
147 Besonders prononciert *Mayer/Artz* Öffentlich-rechtliche und privatrechtliche Aspekte eines Mietendeckels für das Land Berlin, Rechtsgutachten für die Fraktion der SPD im Abgeordnetenhaus von Berlin, 16. 3. 2019, S. 19 ff., abrufbar im WWW unter der URL https://www.spdfraktion-ber lin.de/system/files/mayer_artz_gutachten_mietendeckel_fuer_spd-fraktion.pdf; ähnlich *Fischer-Lescano/Gutmann/Schmid* Landeskompetenzen für Maßnahmen der Mietpreisregulierung, Rechtsgutachten für die Rosa Luxemburg Stiftung, 2019, S. 10 ff., abrufbar im WWW unter der URL https://www.rosalux.de/fileadmin/rls_uploads/pdfs/Studien/Studien_8-19_Mietpreisregulie rung_web.pdf (zuletzt abgerufen jeweils am 1.7.2020); *Putzer* NVwZ 2019, 283 (284); *Weber* JZ 2018, 1022 (1022 ff.).

dem BGB: Im Fall der Berliner Regelung verstößt eine unangemessene Miethöhe gegen ein außerhalb des BGB normiertes Verbotsgesetz, das erst über die BGB-Vorschrift des § 134 eine Wirkung im Vertragsverhältnis erlangt und grundsätzlich nicht durch ein „öffentlich-rechtliches" Instrument durchgesetzt werden soll. Das ursprünglich vorgesehene öffentlich-rechtliche Absenkungsinstrumentarium bei Überschreitung der zulässigen Grenzen nach der Mietentabelle gemäß einer Vorgängerfassung des § 4 i.V.m. den §§ 5 und 6 MietenWoG Bln (Fassung vom 28. November 2019) ist durch den am 30. Januar 2020 beschlossenen Änderungsantrag vom 23. Januar 2020 gestrichen worden.[148] Stattdessen ist nur noch eine Residualkompetenz der zuständigen Behörde in § 5 Abs. 2 MietenWoG Bln vorgesehen („Sie kann von Amts wegen alle Maßnahmen treffen, die insoweit zur Durchsetzung erforderlich sind"). Das bedeutet, dass grundsätzlich nur noch dann, wenn der Vermieter einen Härtefall geltend macht und das verwaltungs-rechtliche Handlungsinstrumentarium der Härtefallgenehmigung nach § 8 MietenWoG Bln greift, eine öffentlich-rechtliche Regelung vorliegt. Selbst wenn es also auf den öffentlich-rechtlichen Charakter ankäme, wäre das Vorliegen einer hinreichenden öffentlich-rechtlichen Überformung im Kern zu verneinen.

Auf den öffentlich-rechtlichen Charakter kann es jedoch unter Kompetenz-verteilungsgesichtspunkten keineswegs ankommen. Andernfalls hätte es der Landesgesetzgeber in der Hand, ein identisches Instrument des Bundes – die Regulierung der Höhe des Mietzinses – mit identischen Zwecken (Bereitstellung von Wohnraum zu angemessenen Preisen und Bekämpfung der Verdrängung „wirtschaftlich weniger leistungsfähiger Bevölkerungsgruppen aus stark nach-gefragten Wohnquartieren") faktisch funktionslos zu machen und zu konterka-rieren, indem er es inhaltlich verschärft (u.a. in Form der Beschränkung der Erhöhungsmöglichkeiten von 15 % in drei Jahren auf 0 % plus verzögerten Infla-tionsausgleich) sowie (inzwischen sehr abgeschwächt) „öffentlich-rechtlich" er-gänzt und umformt durch die Option behördlicher Interventionen und der Ver-hängung von Bußgeldern. Die Stärkung des öffentlich-rechtlichen Charakters einer Regelung ist also keine hinreichende Bedingung für die Kompetenzkon-formität einer Regelung durch die Länder.[149]

---

148 Ziff. 1f) des Änderungsantrags der dringlichen Beschlussempfehlung des Ausschusses für Stadtentwicklung und Wohnen vom 22.1.2020, AGH-Drs. 18/2437.

149 Ebenso im Ergebnis etwa *Papier* Landeskompetenz zur Einführung eines sogenannten Mietendeckels? Rechtsgutachtliche Stellungnahme im Auftrag des Bundesverbandes Deutscher Wohnungs- und Immobilienunternehmen e.V. – GdV, September 2019, insbesondere S. 10 ff., abrufbar im WWW unter der URL https://web.gdw.de/uploads/pdf/Pressemeldungen/Gutachten_ Mietendeckel_Zustaendigkeit.pdf (zuletzt abgerufen am 1.7.2020); ferner u.a. *Schede/Schuldt*

cc) Kein anderes Ergebnis wegen Vorgaben der Berliner Verfassung

Ferner sei noch darauf hingewiesen, dass auch aus der Berliner Verfassung und den dort angelegten Vorgaben zur Schaffung von Wohnraum keinerlei abweichende Ergebnisse folgen.[150] So normiert Art. 28 Abs. 1 der Berliner Verfassung: „Jeder Mensch hat das Recht auf angemessenen Wohnraum. Das Land fördert die Schaffung und Erhaltung von angemessenem Wohnraum, insbesondere für Menschen mit geringem Einkommen, sowie die Bildung von Wohnungseigentum." Schon an der Förderverpflichtung wird deutlich, in welche Richtung die Versorgungsverpflichtung des Landes geht, nämlich in die der Schaffung von Wohnraum, also in dessen Vermehrung. Dieses Ziel wird durch die ergriffenen Maßnahmen eher konterkariert.[151] Ohne die Frage näher zu vertiefen, ob die Maßnahmen daher nicht eher gegen die Zielbestimmungen der Berliner Verfassung verstoßen, rechtfertigen diese Zielbestimmungen jedenfalls keine kompetenzwidrigen Maßnahmen.[152] So verbleiben dem Land eine Fülle von kompetenzkonformen Handlungsmöglichkeiten bis hin zu Zuschüssen für einkommensschwache Haushalte. Letztlich steht die Kompetenzverteilung des Grundgesetzes zudem normenhierarchisch über der Berliner Verfassung.

d) Keine Rücksichtnahme auf Bundesregelung

aa) Widersprüchlichkeit zu BGB-Vorschriften

Nicht nachvollziehbar ist darüber hinaus das Argument, es läge „keine Widersprüchlichkeit" vor, da ja „das mietrechtliche Schuldverhältnis unberührt" bleibe, denn die Berliner Regelung „beschneidet lediglich die Möglichkeiten der

---

NVwZ 2019, 1572 (1574), mit dem zutreffenden Hinweis, dass die Berliner Regelungen „in der Sache privatrechtsgestaltend wirken sollen".

150 So aber offensichtlich *Mayer/Artz* Öffentlich-rechtliche und privatrechtliche Aspekte eines Mietendeckels für das Land Berlin, Rechtsgutachten für die Fraktion der SPD im Abgeordnetenhaus von Berlin, 16.3.2019, S. 30, abrufbar im WWW unter der URL https://www.spdfraktion-berlin.de/system/files/mayer_artz_gutachten_mietendeckel_fuer_spd-fraktion.pdf (zuletzt abgerufen am 1.7.2020).

151 Siehe dazu oben III 1 und IV 2.

152 Ebenso etwa *Papier* Landeskompetenz zur Einführung eines sogenannten Mietendeckels? Rechtsgutachtliche Stellungnahme im Auftrag des Bundesverbandes Deutscher Wohnungs- und Immobilienunternehmen e.V. – GdV, September 2019, S. 14, abrufbar im WWW unter der URL https://web.gdw.de/uploads/pdf/Pressemeldungen/Gutachten_Mietendeckel_Zustaendigkeit.pdf (zuletzt abgerufen am 1.7.2020).

Vermietenden zur Mieterhöhung."[153] Dies entspricht genau der Wirkungsweise der Regelung des § 558 Abs. 3 BGB und der weiteren oben (dazu III.1.a)) geschilderten Regelungen des BGB. Schon das BGB sieht also Bestimmungen vor, die aus Gründen des sozialen Mieterschutzes, der Verhinderung von Gentrifizierung und der Wahrung des Zugangs von einkommensschwachen Haushalten zu Wohnraum in angespannten Wohnungsmärkten die Möglichkeiten der Vermieter beschränken, in einem Großteil der Bestands- und Neuvermietungsverhältnisse die Mieten zu erhöhen. Bestimmungen des Landes, welche die schon durch öffentliche Interessen überformte Vertragsfreiheit im BGB im zentralen Element der Gegenleistung in Form der Höhe des Mietzinses radikal einschränken, als „das mietrechtliche Schuldverhältnis unberührt" lassend zu qualifizieren, erscheint vor diesem Hintergrund wenig überzeugend.[154] So wird etwa in bestehende Mietverhältnisse schon dadurch eingegriffen, dass dem Vermieter sein Anspruch auf Zustimmung des Mieters zu angemessenen Mieterhöhungen gemäß § 558 Abs. 1 S. 1 BGB entzogen wird. Damit bleibt es dabei, dass die scharfen Berliner Moratoriums- und Absenkungsregelungen die ausdifferenzierten Vorschriften des BGB auf Bundesebene aushöhlen, da sie den Bundesregelungen letztlich innerhalb des weiten Anwendungsbereichs der Berliner Regelungen keinen relevanten Anwendungsraum mehr belassen und diese auch in der Sache konterkarieren. Denn der in den Bundesregelungen normierte Ausgleich zwischen den Mieter- und Vermieterinteressen in angespannten Wohnungsmärkten wird radikal überformt. Auch das zentrale Ziel, bezahlbaren Wohnraum zu schaffen und einkommensschwachen Haushalten den Zugang zu Wohnungen in diesen Lagen weiterhin zu ermöglichen, wird aufgrund der Anpassungen im BGB inzwischen von diesem genauso verfolgt wie vom Berliner Regelungswerk.

bb) Große Rechtsunsicherheit durch Berliner Regelung

Erneut ist hervorzuheben, dass die in unterschiedlichem Maße zusätzliche Unterfütterung der Berliner Regelungen durch öffentlich-rechtliche Interventionsmöglichkeiten, die ohnehin im Gesetzgebungsverfahren deutlich abgeschwächt wurden, die Bewertung nicht ändert (dazu bereits oben 4.c) bb)). Dass überhöhte Zahlungen im BGB bereicherungsrechtlich zurückabgewickelt und dabei gegebenenfalls auch (vor Zivilgerichten) gerichtlich durchgesetzt werden müssen,

---

153 *Fischer-Lescano/Gutmann/Schmid* Landeskompetenzen für Maßnahmen der Mietpreisregulierung, Rechtsgutachten für die Rosa Luxemburg Stiftung, 2019, S. 16, abrufbar im WWW unter der URL https://www.rosalux.de/fileadmin/rls_uploads/pdfs/Studien/Studien_8-19_Mietpreisregulierung_web.pdf (zuletzt abgerufen am 1.7.2020).
154 Dagegen zutreffend *Herrlein/Tuschl* NZM 2020, 218 (230).

begründet dabei keine Grundverschiedenheit zur Berliner Regelung hinsichtlich der angeblich großen Rechtsunsicherheit mit Blick auf das BGB und der vermeintlich einfacheren öffentlich-rechtlichen Durchsetzbarkeit der Berliner Regelung.[155] Vielmehr dürfte eher das Gegenteil der Fall sein: So handelt es sich bei der BGB-Regelung immerhin um eine solche, die in ihren Grundzügen bereits etabliert und auch in der letzten größeren Verschärfung durch die „Mietpreisbremse" verfassungsgerichtlich bestätigt worden ist. Die Berliner Regelung ist nicht nur in vielfältiger Hinsicht verfassungsrechtlichen Risiken von der Kompetenzwidrigkeit über die Verletzung des Vertrauensschutzes bis hin zur Verletzung der Eigentumsfreiheit ausgesetzt. Aufgrund der in erheblichem Umfang vorgesehenen unbestimmten Regelungen – etwa zur Härtefallklausel – sind Rechtsstreitigkeiten und damit eine entsprechende Rechtsunsicherheit vorprogrammiert. Diese führen nicht nur zu erheblichen Unsicherheiten auf Seiten der Vermieter, sondern auch der Mieter.[156]

cc) Unklarheiten hinsichtlich der Vertragsregelung unter dem kumulativen Regime von BGB und Berliner Regelung

Hinzu kommen eine Reihe handwerklicher Mängel der Berliner Regelung und Schwierigkeiten im Zusammenspiel von BGB und Berliner Regelung, die die Anwendung des Gesetzes erschweren: So ist unklar, wie bei einer Wiedervermietung vorzugehen ist. Wenn Wohnraum ab dem 23. Februar 2020 wiedervermietet wird, ist es per Gesetz verboten, eine höhere als die „eingefrorene" Miete zu verlangen. Liegt die „eingefrorene" Miete allerdings oberhalb der für die Wohnung maßgeblichen Mietobergrenze (Mietentabelle), darf die Vermietung nur zur Mietobergrenze erfolgen. Bei der Mietobergrenze ist gegebenenfalls der Zuschlag für moderne Ausstattung und Modernisierung zu berücksichtigen. Bei Wohnungen, deren Vormiete geringer als 5,02 €/m² war, darf die Miete bei der Wiedervermietung um max. 1 € auf bis zu 5,02 €/m² erhöht werden, wenn eine moderne Ausstattung vorhanden ist. Hierdurch ist völlig unklar, welche Miete in der Praxis z. B.

---

155 So aber *Fischer-Lescano/Gutmann/Schmid* Landeskompetenzen für Maßnahmen der Mietpreisregulierung, Rechtsgutachten für die Rosa Luxemburg Stiftung, 2019, S. 19 und passim, abrufbar im WWW unter der URL https://www.rosalux.de/fileadmin/rls_uploads/pdfs/Studien/ Studien_8-19_Mietpreisregulierung_web.pdf (zuletzt abgerufen am 1.7.2020).
156 Siehe dazu eindringlich *Knauthe* Der Mietendeckel – Eine verfassungsrechtliche Analyse unter Berücksichtigung des Referentenentwurfs der Senatsverwaltung für Stadtentwicklung und Wohnen für das Gesetz zur Mietenbegrenzung im Wohnungswesen in Berlin (Berliner Mieten-WoG), gif Policy paper 3/2019, Oktober 2019, S. 18, abrufbar im WWW unter der URL https://www. gif-ev.de/onlineshop/download/direct,454 (zuletzt abgerufen am 1.7.2020).

bei Neuvermietungen vereinbart werden darf, wenn man hypothetisch unterstellt, dass das Gesetz verfassungsgemäß wäre. Darf nunmehr eine BGB-Miete vereinbart werden, die höher ist als die Mietentabelle, und lediglich in Höhe der Mietentabelle gefordert werden und nach Auslaufen des „Mietendeckels" gilt die BGB-Miete oder ist eine solche Vereinbarung gemäß § 134 BGB nichtig und es darf vertraglich nur die Miete gemäß „Mietendeckel" vereinbart werden? Die landeseigene (!) Berlinovo unterstellt in ihren Annoncen gegenwärtig eine „vorläufige Miete", die nach Auslaufen des Gesetzes auf die nach dem BGB zulässige Miete angehoben wird.

Unklar ist aber, ob eine solche Vereinbarung nicht nichtig ist gemäß § 134 BGB.[157] Allerdings sagen die Gesetzesbegründung und das Gesetz nicht explizit, dass nur die Miete nach Mietentabelle vereinbart werden darf, sondern es darf nur diese gefordert werden. Dies ist nur ein Beispiel für die zahlreichen Auslegungsschwierigkeiten und -unsicherheiten im Falle der Anwendung des Gesetzes.

dd) Jeweils Regelungen für einen begrenzten, aber leicht abweichenden Zeitraum

Irritierend ist in diesem Zusammenhang auch das Argument, der gänzlich unterschiedliche Ansatz ergäbe sich daraus, dass die Berliner Regelung zeitlich auf fünf Jahre beschränkt sei.[158] Auch dies entspricht exakt der Regelung der Kappungsgrenze nach § 558 Abs. 3 S. 3 BGB, die für die erforderlichen Gebietsfestsetzungen durch Landesverordnungen einen Zeitraum von „höchstens fünf Jahren" vorsieht, auch wenn diese Regelung im Gesetz – genauso wie die Berliner Regelung – verlängert werden kann.

ee) Unterminierung der Vergleichsmiete nach BGB im Falle der Wirkung der Berliner Regelung

Schließlich entsteht durch die Berliner Regelung auch eine weitere substantiell konterkarierende Wirkung für die Bundesregelung: Für Bestands- und auch für Neuvermietungen rekurriert die jeweilige Bundesregelung auf einen Vergleichs-

---

157 Siehe dazu auch den in Fn. 25 zitierten Beschluss der 67. Zivilkammer des LG Berlins, die insoweit offensichtlich eine abweichende Einschätzung zum AG Charlottenburg, Urt. v. 4. 3. 2020 – 213 C 136/19, Tz. 15 – juris, vertritt.
158 *Fischer-Lescano/Gutmann/Schmid* Landeskompetenzen für Maßnahmen der Mietpreisregulierung, Rechtsgutachten für die Rosa Luxemburg Stiftung, 2019, S. 16 und 18, abrufbar im WWW unter der URL https://www.rosalux.de/fileadmin/rls_uploads/pdfs/Studien/Studien_8-19_Mietpreisregulierung_web.pdf (zuletzt abgerufen am 1. 7. 2020).

mietenansatz, der über den Mietenspiegel gerade auch durch Marktmieten geprägt wird. Dieser für das Erzielen der Regelungswirkung des BGB (Orientierung an Vergleichsmieten mit begrenzter Überformung durch Kappungsgrenzen) erforderliche Referenzwert entfällt aber künftig, da der Referenzmaßstab der Vergleichsmieten nicht mehr besteht bzw. im Wesentlichen ausgehöhlt wird. Als im Markt gebildete Vergleichsmieten stehen nur noch die wohl knapp 10 % der Mietverhältnisse zur Verfügung, die sich auf die Vermietung von Objekten beziehen, die nicht in den Anwendungsbereich der Berliner Regelung fallen, insbesondere weil die Gebäude erst nach dem Stichtag des 1. Januar 2014 (§ 1 Nr. 3 MietenWoG Bln) errichtet wurden. Damit wird letztlich das gesamte Vergleichsmietenmodell, das der Bundesregelung zugrunde liegt, unterlaufen, da keine dynamischen Vergleichsmieten mehr bestehen, sondern, wenn die Berliner Regelung ihre volle Wirkung entfaltet, im Wesentlichen nur noch Mieten gemäß der gesetzlich festgelegten, weitgehend statischen Mietentabelle in § 6 MietenWoG Bln.

ff) Analyse der Wirkungsrichtungen belegt Widersprüchlichkeit

Daher ist es auch nicht möglich, die Frage nach der Widersprüchlichkeit der Regelungen zu beantworten, ohne eine Analyse ihrer auf das gleiche Marktsegment gerichteten, aber konträren Regelungswirkung unter einer verständigen Würdigung des gesamten Regelungsmodells im sozialen Mietrecht des BGB vorzunehmen. Erst daraus erschließt sich, dass es keineswegs „fernliegend"[159], sondern wenn nicht zwingend, so doch zumindest äußerst zweckmäßig ist, dass der Bundesgesetzgeber zur Mietpreishöhe eine abschließende Regelung der Gestaltungsbefugnis der Länder im Rahmen der abschließenden Festlegung der Reichweite der Verordnungsermächtigungen vornimmt. Dass er dabei auch unter Beachtung der Treuepflichten im Bund-Länder-Verhältnis im Rahmen der Wahrnehmung seiner konkurrierenden Gesetzgebungskompetenz für die Frage der Prüfung, ob angespannte Wohnungsmärkte vorliegen, (und für die Absenkung der Kappungsgrenze um 5 Prozentpunkte von 20 % auf 15 %) die insoweit tatsächlich „sachnäheren Länder" ermächtigt, ist ebenfalls vernünftig. Dass er schließlich die Fragen, ob ein Vergleichsmietenmodell oder ein Modell mit hoheitlich fixierten Tabellenmieten, ob also eine marktnahe oder eine marktferne Fixierung der Mieten und demnach eine fast vollständige Entkoppelung von

---

159 So aber *Kingreen* Zur Gesetzgebungskompetenz der Länder für das Öffentliche Mietpreisrecht bei Wohnraum, 2020, Kurzgutachten für die Bundestagsfraktion DIE LINKE., S. 16, abrufbar im WWW unter der URL https://www.linksfraktion.de/fileadmin/user_upload/PDF_Dokumente/ 2020/200218_Kingreen_Mietendeckel_Kompetenz.pdf (zuletzt abgerufen am 1.7.2020).

Marktmieten erfolgen soll, nicht den Ländern überlassen möchte, ist ebenfalls sehr vernünftig, da die Länder andernfalls das austarierte System der Mietenregulierung im BGB sprengen könnten, wie der Berliner Regelungsversuch beweist.

5 Kein zulässiges Gebrauchmachen einer Länderkompetenz für das „Wohnungswesen" in Kombination mit der Rücksichtnahmepflicht des Bundes

Schließlich ist ergänzend darauf hinzuweisen, dass auch keine Länderkompetenz für das „Wohnungswesen" in Kombination mit einer Rücksichtnahmepflicht des Bundes auf die Länderkompetenz eine Regelungskompetenz der Länder für eine Mietpreisregulierung schafft, die dem erkennbaren Gestaltungswillen des Bundesgesetzgebers zu Mietpreisanpassungen widerspricht.

So wird teilweise in der Literatur vertreten, dass sich der Bundesgesetzgeber, da eine Kompetenzgemengelage zwischen der konkurrierenden Kompetenz des Bundes zur Mietpreisregelung aus Art. 74 Abs. 1 Nr. 1 GG und der residualen Länderkompetenz für das „Wohnungswesen" aus Art. 70 GG vorliege, besonders kompetenzschonend zu verhalten habe und keine umfassende Sperrwirkung der Miethöhenregulierung gegenüber einer verschärften bzw. konterkarierenden Miethöhenregulierung der Länder erlassen dürfe.[160] Dagegen spricht schon, dass der Bund gegen die Bundestreue erst dann verstößt, wenn er seine Kompetenz missbräuchlich in Anspruch nimmt.[161] Ein solcher Missbrauch liegt nicht vor, da der Bund vor dem Land Berlin tätig geworden ist und dem Landesgesetzgeber im Bereich des Wohnungswesens noch eine Vielzahl von Maßnahmen (außerhalb eines Mietpreisrechts ausgerechnet für das Marktsegment der frei am Wohnungsmarkt verfügbaren Mietwohnungen) möglich bleiben.

---

160 So insbesondere *Fischer-Lescano/Gutmann/Schmid* Landeskompetenzen für Maßnahmen der Mietpreisregulierung, Rechtsgutachten für die Rosa Luxemburg Stiftung, 2019, S. 12 f. und passim, abrufbar im WWW unter der URL https://www.rosalux.de/fileadmin/rls_uploads/pdfs/Studien/Studien_8-19_Mietpreisregulierung_web.pdf (zuletzt abgerufen am 1.7.2020).
161 BVerfGE 4, 115, Rn. 72 f. – juris, spricht von einer „Kontrolle der Einhaltung äußerster Grenzen"; BVerfGE 81, 310, Rn. 98 – juris, für die Verwaltungstätigkeit des Bundes; *Herbst* Gesetzgebungskompetenzen im Bundesstaat, 2014, S. 288; *Wagner* Die Konkurrenzen der Gesetzgebungskompetenzen von Bund und Ländern, 2011, S. 263 f. m.w.N. aus der Rechtsprechung des BVerfG.

Von der Gegenansicht wird insbesondere auf die bekannte Entscheidung des BVerfG zur kommunalen Verpackungssteuer verwiesen,[162] deren lenkende Wirkungen in Widerspruch zu den Vorgaben in der vom Bundesgesetzgeber geregelten Abfallwirtschaft standen. Dabei wird insbesondere die Feststellung des BVerfG ins Feld geführt, dass im Falle eines Widerspruchs nicht stets dem Bundesrecht Vorrang zukomme.[163] Nachdem das BVerfG die „Verpflichtung zur Beachtung der bundesstaatlichen Kompetenzgrenzen und zur Ausübung der Kompetenz in wechselseitiger bundesstaatlicher Rücksichtnahme" nicht nur im Grundsatz der Bundestreue, sondern auch im Rechtsstaatsprinzip verortet und daraus den Grundsatz der Widerspruchsfreiheit der Rechtsordnung abgeleitet hat[164], stellte das Gericht fest, dass „grundsätzlich nach dem Rang, der Zeitenfolge und der Spezialität der Regelungen"[165] darüber zu entscheiden sei, welche Regelung im Konfliktfall zu weichen habe. Auch nach diesem Maßstab setzt sich aber die Bundesregelung als vorrangig durch. Die Regelungen im BGB sind als formelle Gesetze des Bundes zunächst ranghöher als ein Landesgesetz, wobei dies im Falle der Annahme einer – hier abgelehnten – Kompetenz der Länder aus Art. 70 GG angesichts der prinzipiellen Gleichrangigkeit der Kompetenzen des Bundes aus Art. 74 GG und der Länder aus Art. 70 GG[166] in der weiteren Entwicklung der Rechtsprechung des BVerfG an sich keine größere Rolle spielen dürfte.

Auch die, daher vorliegend wichtigere, Zeitenfolge spricht für einen Vorrang der Bundesregelung. Denn diese ist zum einen deutlich früher als die Berliner Regelung erlassen worden.[167] Zum anderen wurde die Bundesregelung auch

---

162 Siehe den Hinweis bei *Fischer-Lescano/Gutmann/Schmid* Landeskompetenzen für Maßnahmen der Mietpreisregulierung, Rechtsgutachten für die Rosa Luxemburg Stiftung, 2019, S. 13, abrufbar im WWW unter der URL https://www.rosalux.de/fileadmin/rls_uploads/pdfs/Studien/Studien_8-19_Mietpreisregulierung_web.pdf (zuletzt abgerufen am 1.7.2020) auf BVerfGE 98, 106, Rn. 58 – juris.
163 *Fischer-Lescano/Gutmann/Schmid* aaO, S. 13.
164 BVerfGE 98, 106, Rn. 58 – juris: „Das Rechtsstaatsprinzip verpflichtet alle rechtsetzenden Organe des Bundes und der Länder, die Regelungen jeweils so aufeinander abzustimmen, dass den Normadressaten nicht gegenläufige Regelungen erreichen, die die Rechtsordnung widersprüchlich machen.".
165 BVerfGE 98, 106, Rn. 58 – juris.
166 So konsequent *Kingreen* Zur Gesetzgebungskompetenz der Länder für das Öffentliche Mietpreisrecht bei Wohnraum, 2020, Kurzgutachten für die Bundestagsfraktion DIE LINKE., S. 20 ff., abrufbar im WWW unter der URL https://www.linksfraktion.de/fileadmin/user_upload/PDF_Dokumente/2020/200218_Kingreen_Mietendeckel_Kompetenz.pdf (zuletzt abgerufen am 1.7.2020).
167 Die Kappungsgrenze des § 558 Abs. 3 BGB enthält die Absenkungsmöglichkeit der Landesregierungen seit dem 1.5.2013, die „Mietpreisbremse" des § 556d BGB trat am 1.6.2015 in Kraft.

zeitlich nach Bekanntwerden und Diskussion der Berliner Bestrebung vom Bundestag durch die Verlängerung und Verschärfung der „Mietpreisbremse" nochmals bestätigt. Verschärfende Schritte im Sinne der Berliner Regelung wurden vom Bundestag aber gerade abgelehnt.[168]

Am stärksten wiegt schließlich, dass die Bundesregelung die speziellere Regelung ist, da diese für die Miethöhen auf der Basis einer Vergleichsmiete eine spezifische Höhenregelung trifft und dabei bereits zum sozialen Ausgleich beiträgt. Die Länder müssen zur Ausschöpfung des Kompetenztitels des Wohnungswesens und zur Schaffung einer spezielleren Regelung eine davon abweichende, sachmateriell eigenständige Regelung treffen, indem etwa ein eigenes Marktsegment reguliert wird oder eine unterstützende bzw. ergänzende Regelung für dasselbe Marktsegment getroffen wird. Die Absenkung einer zulässigen Mieterhöhung von 15 % auf 0 % im selben Marktsegment stellt jedoch nicht die Wahrnehmung einer eigenen, spezielleren Gestaltungsmöglichkeit dar, sondern regelt den identischen Gegenstand mit denselben Motiven lediglich abweichend im Sinne einer radikalen Verschärfung. Denkbar wären insoweit etwa Mietpreisbindungen im öffentlich geförderten Wohnraum oder im Rahmen einer Wohnraumbewirtschaftung, die aufgrund einer (vorliegend allerdings nicht gegebenen) akuten Wohnungsnot die freie Verfügungsgewalt über das Mietobjekt etwa durch Belegungsrechte entzieht. Für das Marktsegment der frei am Wohnungsmarkt angebotenen Mietwohnungen kann dagegen kein gegenüber dem BGB abweichendes (vorliegend verschärfendes, aber auch kein großzügigeres) Mietpreisrecht von den Ländern erlassen werden.[169]

---

168 Siehe die Ausführungen oben bei den Fn. 58–61.
169 *Wissenschaftlicher Dienst des Deutschen Bundestages*, Gesetzliche Mietpreisregulierung durch die Länder aufgrund der Gesetzgebungskompetenz für das Wohnungswesen, WD 3 – 3000 – 029/19 vom 5.2.2019, S. 6.

VII Ergebnis und Ausblick

Damit müsste auch das BVerfG schon auf der Basis seiner bisherigen Rechtsprechungslinie zur Eigentumsfreiheit aus Art. 14 GG und zum Gleichheitssatz aus Art. 3 Abs. 1 GG zur Verfassungswidrigkeit der Berliner Regelungen gelangen. Es wurde ferner gezeigt, dass schon gar keine Gesetzgebungskompetenz des Landes Berlin besteht. Probleme wirft im Übrigen auch ein möglicher Verstoß gegen das Rückwirkungsverbot durch die Stichtagsregelung[170] auf (was vorliegend nicht näher untersucht wurde, da es ein spezifisches Problem der Berliner Regelung und nicht der Mietenregulierung auf Bundes- oder Länderebene an sich ist).

Die zunehmende Verschärfung der Eingriffe in die Wohnungsmärkte lässt sich jedenfalls nicht durch ökonomische Argumente rechtfertigen. Schon die „Mietpreisbremse" auf Bundesebene dürfte kaum die gewünschte Wirkung des spezifischen Schutzes von einkommensschwachen Haushalten erzielen. Vielmehr handelt es sich um eine Maßnahme mit einem extrem großen Streueffekt, die zwar einzelne Gewinner in Bestandsmietverhältnissen generiert und dabei gewiss – eher zufällig – auch einkommensschwache Haushalte begünstigt, aber zugleich viele Verlierer schafft. Dies sind nicht nur die in ihren Einnahmemöglichkeiten beschränkten Vermieter, sondern vor allem auch einkommensschwache Haushalte, die eine Wohnung suchen und deren Chancen sich eher verschlechtern. Das BVerfG hat dem Bundesgesetzgeber jedoch einen extrem weiten Spielraum zur Verfolgung entsprechender sozialpolitischer Zielsetzungen belassen, selbst wenn die gewünschte positive Wirkung der Maßnahme lediglich „nicht ausgeschlossen" werden könne und erhebliche negative Effekte – vor allem auch hinsichtlich der Anreize zum Ausbau des Bestandes – drohen. Zugespitzt formuliert: Der Gesetzgeber hat einen weiten Spielraum, wenig Erfolg versprechende Instrumente anzuwenden und wird insoweit nur schwachen eigentumsgrundrechtlichen Restriktionen ausgesetzt. Diese wenig strengen „roten Linien" lassen sich nur mit dem Gedanken eines weiten Spielraums des Gesetzgebers und einer korrelieren-

---

170 Im Ergebnis letztlich einen Verstoß annehmend *Wissenschaftlicher Dienst des Abgeordnetenhauses von Berlin*, Gutachten zu einer Reihe von Rechtsfragen im Zusammenhang mit der Rückwirkung des geplanten Berliner Mietengesetzes („Mietendeckel"), 28.10.2019, abrufbar im WWW unter der URL https://www.parlament-berlin.de/C1257B55002B290D/vwContentByKey/ W2BHTGXS981WEBSDE/$File/20191028_Mietendeckel.pdf., S. 15 (zuletzt abgerufen am 1.7.2020); ebenso *Papier* Materielle Verfassungsmäßigkeit des Gesetzes zur Neuregelung gesetzlicher Vorschriften zur Mietenbegrenzung. Rechtsgutachtliche Stellungnahme im Auftrag des Bundesverbandes deutscher Wohnungs- und Immobilienunternehmen e.V. – GdW, Dezember 2019, S. 23, abrufbar im WWW unter der URL https://web.gdw.de/uploads/pdf/Pressemeldungen/Materielle_ Verfassungsmaessigkeit_des_Berliner_Mietendeckels.pdf (zuletzt abgerufen am 1.7.2020).

den richterlichen Zurückhaltung rechtfertigen. Selbst die wenig strengen „roten Linien" werden durch den Berliner „Mietendeckel" in eigentumsrechtlicher Hinsicht jedoch überschritten: So haben auch diese Instrumente allenfalls einen geringen positiven, gegebenenfalls sogar negativen, Effekt auf die Gesamtheit der einkommensschwachen Nachfrager, bewirken eine extrem scharfe Eingriffswirkung in die Eigentumsfreiheit und sorgen für eine nicht mehr hinnehmbare Entkoppelung der regulierten Mietpreise von den unregulierten Mieten. Das Berliner Gesetz verletzt damit die Eigentumsfreiheit – ganz abgesehen von den weiteren skizzierten Verfassungsverstößen gegen den Gleichheitssatz. Damit erfolgen entsprechende Maßnahmen nicht nur ohne ökonomischen Sachverstand, sondern beachten auch die rechtsstaatlichen Leitplanken nicht hinreichend. Ähnliches gilt für weitere Vorschläge wie die Vergesellschaftung der Wohnungsgesellschaften ohne angemessene Entschädigung, die nahe am Marktwert liegt[171].

Dass gerade in Berlin jene Diskussion derartig scharf geführt wird und Maßnahmen ergriffen werden, die das Problem nicht beheben, sondern verschärfen, zeugt auch von einem offensichtlich in der Berliner Regierungspolitik besonders ausgeprägten Misstrauen in die Funktionsfähigkeit der sozialen Marktwirtschaft jedenfalls für die Wohnungswirtschaft. Sie sind zugleich Ausdruck der Hoffnung auf einfache politische Interventionsmöglichkeiten[172] und der geringen Bereitschaft, basale ökonomische Wirkungszusammenhänge wie die angebotssenkende und nachfragesteigernde Wirkung von Mietendeckelungen zur Kenntnis zu nehmen, um sie anschließend im Rahmen einer Abwägung der Vor- und Nachteile der beabsichtigten Instrumente zu berücksichtigen. So fehlt der Gesetzesbegründung der Berliner Regelung jegliche Abwägung dieser Art. Die Regelungen werden die verteilungspolitischen Kämpfe jedenfalls verschärfen. Schon jetzt sind die verteilungspolitischen Wirkungen der Maßnahmen im Übrigen nicht nur verfassungsrechtlich problematisch, sondern auch unter einem Gerechtigkeitsblickwinkel äußerst fragwürdig. So bevorzugen sie eher einkommensstarke als einkommensschwache Haushalte und stärken die Insider gegenüber den Outsidern (seien es Zuzugswillige aus dem Ausland oder aus anderen Bundesländern). Sie vernebeln zudem den Blick auf das, was tatsächlich erforderlich ist: Dies gilt vor allem für eine unmittelbare Unterstützung von zugangsbenachteiligten Haushalten (einkommensschwache Haushalte, insbesondere Familien und ganz

---

171 Siehe dazu die Nachweise in Fn. 64.

172 Zugespitzt spricht der renommierte Münchner Ökonom *Fuest* gerade am Beispiel des Berliner Mietendeckels von einer fehlgeleiteten Hoffnung in den „Neodirigismus", ifo-Standpunkt vom 20. 2. 2020, abrufbar im WWW unter der URL https://www.ifo.de/Standpunkt/ifo-Standpunkt-214-Die-schleichende-verbreitung-des-neodirigismus-in-der-politischen-debatte (zuletzt abgerufen am 1. 7. 2020).

besonders alleinerziehende Elternteile). Ob dies nicht besser durch den Erwerb von Belegungsrechten bzw. die Anmietung und Weitervermietung von Wohnungen durch eigene kommunale Wohnungsgesellschaften bzw. den sozialen Wohnungsbau bewerkstelligt werden kann, ist nicht hinreichend klar und unterfällt aus rechtlicher Sicht gewiss dem politischen Spielraum. Sodann ist der Ausbau des Angebots in angespannten Wohnungsmärkten, insbesondere durch die Nachverdichtung im Bestand, die Bereitstellung von Bauland und die Beschleunigung von Genehmigungsprozessen, gegebenenfalls flankiert durch (pekuniäre) Sanktionen bei Nicht-Nutzung von Genehmigungen, erforderlich. Dass derartige Maßnahmen im Verbund von Politik und Wohnungswirtschaft Erfolg versprechen und gepaart mit sozialpolitischen Maßnahmen das Vertrauen in die Politik und die soziale Marktwirtschaft stärken können, zeigen die positiven Erfahrungen, die von der rot-grünen Regierung in Hamburg gemacht worden sind. Dort hat die Politik die Probleme sehr frühzeitig erkannt und in einem „Bündnis für das Wohnen" bereits im Jahr 2011 eine Vielzahl von Maßnahmen ergriffen und anschließend verlängert[173], die für einen vergleichsweise moderateren Anstieg der Mietpreise gesorgt haben.

Daneben sind weitere Maßnahmen zur Stärkung der Attraktivität der weniger angespannten Wohnungsmärkte zu erwägen. Dies kann insbesondere durch die verbesserte verkehrliche Anbindung des Umlands erfolgen. Schließlich sind die Stagnation bzw. der Rückgang der individuellen Wohnraumgröße[174] durch ein „Zusammenrücken" der Wohnbevölkerung als Reaktion auf Preissignale in angespannten Wohnungsmärkten durchaus zu begrüßen. Im Zeitalter des Klimaschutzes und der Erkenntnis, dass der Bereich Wohnen immer noch den größten Anteil am Energieverbrauch privater Haushalte ausmacht[175], kann man insoweit zugleich ein anderes wesentliches Ziel der Gegenwart – nämlich den Schutz natürlicher Ressourcen – beflügeln.

---

[173] Siehe etwa die Hinweise der Hansestadt Hamburg abrufbar im WWW unter der URL https://www.hamburg.de/bsw/buendnis-fuer-das-wohnen/ (zuletzt abgerufen am 1.7.2020).

[174] Seit der Wiedervereinigung ist die Wohnfläche je Einwohner in Quadratmetern 30 Jahre kontinuierlich gestiegen von 34,8 qm bis 46,7 qm – unter tendenzieller Annäherung der Unterschiede in West (36,4 auf 47,4 qm) und Ost (28,2 auf 43,8 qm); siehe Nachweise zu den Zahlen beim *Institut für Wirtschaft*, Deutschland in Zahlen, abrufbar im WWW unter der URL https://www.deutschlandinzahlen.de/tab/deutschland/infrastruktur/gebaeude-und-wohnen/wohnflaeche-je-einwohner (zuletzt abgerufen am 1.7.2020). Zwar hat diese Entwicklung viele Faktoren (Stichwort „Versingelung der Gesellschaft"), aber ein gestiegener individueller Bedarf nach mehr Wohnraum pro Person ist dabei eben auch ein Grund.

[175] Siehe dazu die Nachweise des *Umweltbundesamtes*, Indikator: Energieverbrauch und CO_2-Emissionen des Konsums, abrufbar im WWW unter der URL https://www.umweltbundesamt.de/indikator-energieverbrauch-co2-emissionen-des#textpart-1 (zuletzt abgerufen am 1.7.2020).

Schriftenreihe der Juristischen Gesellschaft zu Berlin

Mitglieder der Gesellschaft erhalten eine Ermäßigung von 40 %

www.ingramcontent.com/pod-product-compliance
Lightning Source LLC
Chambersburg PA
CBHW061839220326

41599CB00027B/5338